改訂3版

不動産コンサルティングポケットブック

三菱ＵＦＪ信託銀行
不動産コンサルティング部
[編]

近代セールス社

はじめに

「不動産の勉強は、広範囲にわたるし、難しい専門用語も多く、取り組むには敷居が高い」このような苦手意識はありませんか？

確かに不動産は、土地だけでも「一物四価」と言われるように様々な価格がありますし、外見上は同じような形、面積の土地でも、道路一本隔てただけで建築可能な建物の用途や面積が大きく異なることもあります。また、せっかく手に入れた不動産でも第三者の権利が付着していて自ら使用することができない場合もあります。

不動産は私たちの生活や経済活動の基盤であり、土地だけでも国民経済計算上の資産額が約1,200兆円（2017年末）に上る主要な財産でもあります。全体にわたる体系的で正確な不動産の知識なくして、個人の財産形成・資産承継や法人の経営戦略・財務戦略の立案を的確に行うことはできません。

三菱ＵＦＪ信託銀行は、1927年の設立以来長きにわたりお客様への不動産に関するコンサルティングを提供しております。その専門的なノウハウを、コンパクトな形で皆様にもお伝えしたいという思いから本書を執筆し、2003年に初版を発刊いたしました。

おかげさまでこの16年間、多数の読者の皆様にご愛読いただき、2010年には改訂版を発刊しました。そして、新元号に改まった令和元年に、制度や法令、ビジネスなどの変化に合わせて更なる内容の見直しを行い、新たな改訂版を出版することといたしました。

グローバル化、ＩＴ化、少子高齢化など、我が国でいま起きている環境変化は、土地の利用方法や、取引の仕組み・法令にも大きな影響を与えています。変化の激しい環境において、皆様の知識の礎となって長くお役に立つような内容を厳選しました。不動産に関連する様々な行政上の規制や私法上の権利関係、不動産取引の枠組み、不動産価格が形成される仕組み、不動産証券化その他不動産関連ビジネス等をできるだけ体系的かつ簡潔に説明することに意を尽くしました。

特に、2020年は改正民法が施行されて不動産取引にも様々な影響が出てくるため、それらを解説する章を新たに設けております。

　紙面の関係から十分な説明ができない部分もありますが、知っておくべき事項のインデックスとしてご利用いただき、より詳しい内容が必要な際には専門書に当たっていただければと思います。本書が皆様の業務の参考になれば幸いです。

　最後に本書の出版に際して多くの貴重なアドバイスをいただきました株式会社近代セールス社出版部の皆様に深く感謝申し上げます。

2019年12月
三菱ＵＦＪ信託銀行　執行役員不動産コンサルティング部長

西村　真也

第1章 不動産とは

第2章 不動産の調査のポイント

第3章 不動産を貸すとき・借りるときのポイント

第4章 不動産を売買するときのポイント

第5章 建物の建築・リフォーム

第6章 不動産の価格査定

第 1 章

不動産とは

① 不動産とは

「不動産」とは「土地及びその定着物」である(民法第86条)。

1. 土地とは

　土地とは「地表を境界点と境界線で区分したその部分」であると定義することができる。すなわち「土地」として認識されるためには境界点と境界線が明確であることが必要である。

「境界」は相接する土地の所有者同士による合意により形成される。

(1)土地の特徴

「土地」の特徴としては、地表に2次元的な面積を有するとともに3次元的な高低差も有している。「土地」は唯一無二のものであり、同じものは二つとない。建物の敷地として、あるいは畑や田として使用できるなど使用上の多様性を有している。また「土地」は周囲の土地と一緒になって一定の地域を構成し、それに属することによって独自の価値を形成する。隣地との併合あるいは分割も可能。ただし、土地は埋め立てなど特殊な場合を除いて、基本的には作り出すことは不可能である。

(2)土地の価格

「土地」の価格は居住性、収益性が発揮されることによって生じる価値を基礎として形成される。そのためにはその土地を使用できることが条件となる。したがって、その土地を使用するためにその土地に進入するための「道路」等との関係が最も重要な要素となる。

2. 定着物とは

「建物」と「立木」を指す。

・建物…「屋根があって壁で囲まれているもの」と考えて良い。したがって柱と屋根だけで構成され、壁がないガレージなどは建

物ではなく構築物ということになり、独立した不動産ではない。

　　対抗要件は建物一棟ごとに編纂される建物登記簿への登記。

・立木……ただ土地に生えている木を指すものではなく、建築材
　などに使うことを目的として植林などがされ、「立木に関する法律」
　に基づいて登記または「明認方法」を施してあり、その「立木」が
　取引の対象とされるものを言う。

　　対抗要件は登記または明認方法（樹皮に焼印、削って所有者
　名を墨書、縄張りするなど）の実施であり、明認方法は判例によ
　り対抗要件として認められた。

　また、土地上に作られた庭や池、擁壁などは土地でも定着物で
もなく、土地に従属する一種の構築物または工作物とされる。

坪と「平方メートル」
　昔から「一坪は畳2枚分」などと言われ、これは「およそ3.3平方メートル」
とされてきた。実際、その由来と正確なところはどうなのであろうか。
　江戸時代までは間（けん）(畳の長辺)と尺との比率も、地域により何種類か
存在していたが、明治期の「度量衡法規」の制定により、これらの長さ・面
積などについて統一的に定義されることとなった。
　同法の中では長さの基本単位を「尺」に置き、「間（は）六尺」「歩（ぶ）又
ハ坪（は）三十六平方尺」(第三条)としている。さらに第四条で「メートル」は
「尺ノ十分ノ三十三」、「アール」は「歩ノ四分ノ百二十一」とされた。同法は
第二次大戦後間もなく廃止され、メートルを基準とした現行の「計量法」に
移行するが、表現は変わったものの換算ルールはそのまま継承された(※)。
　すなわち、「1尺＝10/33メートル」「1坪＝400/121平方メートル」である。
換算によく用いられる乗数「3.3」は、この「400/121＝3.3057851…」の概算
値である。
　しかし400/121は無限小数になるため、計算誤差の問題が永遠に残
る。この問題を解決するため、分子がきれいな値であることに注目し
400/121の逆数を用いる方法がある。すなわち「1坪≒3.3㎡」ではなく「1坪
＝1/0.3025㎡」ないし「0.3025坪＝1㎡」と考える。これを用いると、計算値
は以下のようになる。
◎㎡→坪の換算(2000㎡の場合)
　①2000㎡ ÷3.3 ＝ 606.0606…坪（割り切れない。換算値が過大）
　②2000㎡ ×0.3025 ＝ 605坪　（きれいな値が定まる）
◎坪→㎡の換算(600坪の場合)
　①600坪 ×3.3 ＝ 1980㎡　　　　（換算値が過小）
　②600坪 ÷0.3025 ＝ 1983.471074…㎡（端数分まで正しく出る）
「3.3」では、総面積2000㎡程度になると1坪もの計算誤差が出る。
したがって、「0.3025」を用いて正確な計算を心がけることが必要である。
※ 建築にかかる尺貫法は、法に基づく尺度としては1966年に廃止された。

② 不動産に関する権利…物権

1. 物権と債権

不動産に関する権利には主に以下の2種類がある。

物権……特定の物を直接支配できる権利。所有権、地上権等

債権……特定の者が特定の者に特定の行為を請求できる権利。賃借権等

本節で物権について、次節で債権について述べる。

2. 所有権

目的物について、法令の制限内において自由に使用し、収益を上げ、処分することができる権利のこと(民法第206条)。

財産権の「物権」に該当し、土地や建物などの権利の中核をなすもの。登記簿に登記することにより第三者への対抗力を持つ。

〔参照〕☞登記に関する調査(45頁)

土地の所有権は、その地上と地下に及ぶ(民法第207条)。ただし、その範囲は無限大に認められるわけではなく、通常の使用能力による使用方法の範囲に限られるものとされている。

3. 区分所有権

マンションなどに代表される「区分所有権」とは「建物の区分所有等に関する法律」に基づく「一棟の建物のうち構造上区分された数個の部分で独立して使用できる建物部分(専有部分)ならびにその専有部分に係る共用部分の持ち分及び敷地利用権」を言い、「専有部分」と「共用部分」と「敷地権」の3者が合体している権利と考えて良い。要件を満たしていれば住居、事務所等の用途は問わない。

・専有部分……壁やドアなどで構造上も区分され、その部分を独立して使用できる部分。通常、壁の内側とされ、ベランダ、ガラス戸、玄関ドアは共用部分になる。対抗要件は登記簿への登記。

・共用部分……エントランス、エレベーター、廊下等専有部分以外の建物部分。また共用部分の使用権は専有部分に付随する。

独立して登記はできない。

・**敷地権**……建物を所有するための敷地に関する権利。一棟の建物に付随した登記がされる。

・**共用部分および敷地権の共有持ち分**……通常、一棟の建物全体の専有部分の面積に比例して按分登記される。

4. 地上権

他人の土地において工作物または竹木を所有するため、その土地を使用する権利のこと（民法第265条）。

財産権の「物権」の一つ。原則契約によって設定され、登記することにより、第三者への対抗力を持つ。工作物とは、建物や道路、鉄道、送電線など地上および地下の一切の建築物を意味しており、そのうち建物所有を目的とするものは、「借地権」として借地借家法の保護を受ける。地上権はその権利者が地主の承諾を要することなく自由に第三者に譲渡・転貸できる点で地主にとって不利益なため、土地利用契約は、そのほとんどがこの「地上権」ではなく「賃借権」となっている。

5. 区分地上権

他人の土地の地下や空間の一部など利用の範囲を限定し工作物を所有するために設定された地上権のこと（民法第269条の2）。

地上権は本来土地全体に及ぶものであるが、たとえば地下鉄や高架線、送電線などを所有するため空間の一部のみを必要とする場合などに、その必要な空間の範囲に限定して設定される。登記することにより対抗力を持つ。

6. 地役権

他人の土地（以下承役地という）を、自己の土地（以下要役地という）の便益のため利用する権利のこと（民法第280条）。

承役地上に目的を定め契約により設定され、登記が第三者への対抗要件となる。その目的としては、通行するため、水を引くため、眺望を妨げないため、高圧線を引くためなどがある。なお、要役地の所有権が移転すると地役権も附随して移転する（民法第281

条)。

7. 底地(権)

底地とは、宅地について借地権の付着している場合における当該宅地の所有権をいう(不動産鑑定評価基準:総論第2章第2節Ⅰ)。

土地に借地権が設定されるとその土地の権利は、借地人に帰属する「借地権」と、地主に帰属する、その借地権が付着した不完全な所有権である「底地(権)」の2つに分かれることになる。

〔参照〕☞借地権の評価(156頁)、貸地の借地人より買取りの申し出を受けた場合(88頁)

8. 法定地上権

不動産の競売が行われた場合に、法律によって設定されたとみなされる、契約によらない例外的な地上権のこと。

同一所有者が所有する土地、またはその上にある建物のどちらかに抵当権が設定され、それが実行された場合には、建物はその存立根拠を失ってしまう。その場合、建物のためにこの法定地上権が設定されたものとみなされる(民法第388条)。

空中権

「空中権」は、前出の「区分地上権」の一形態であり、日本の法制上において正式に明文化された権利ではないが、以下の2つの権利について一般的にこう呼んでいる。

①その土地の空間の一部をその土地の上で利用する権利

ある土地の上部や下部空間を水平的に区分し、その区分のひとつを処分したり建築等に利用したりする権利。土地所有権から切り離されたもので、単独で処分することが可能。

わが国では「区分地上権」がこのような権利として認められている。

②他の土地で利用可能なある土地の空間利用権

他の土地で利用することができる、ある土地の未利用容積率などの空間利用権。この権利を他の土地に移転することで、その移転先の土地では許容容積率にこの移転分の容積を追加して

利用することが可能になり、いわゆる「容積の移転」が実現する。なお、移転後の元の土地においては、当然移転した分の容積は利用できない。

　この権利は、①建替や開発を禁止、制限されている歴史的建築物や農耕地を、その上空の余剰容積などを譲渡可能とすることで保全する、②都心部の開発を誘導と抑制によりコントロールする、などを目的に導入されている。

■わが国の「容積移転」手法

　現在主に下表のような手法を用いることにより「容積移転」が可能である。下表⑦を利用し、ＪＲ東日本が、東京駅赤レンガ駅舎の未消化容積率を周辺に移転し、その対価を駅舎の復元と保全に充てた事例がある。

①総合設計制度 （建築基準法第59条の2）	建築計画で一定規模以上の敷地のものについて、一定割合以上の空地を確保し、市街地環境の整備改善などに資すると認められる建築物について一般形態規制の一部を緩和する制度。同計画内の地権者間での容積移転が可能。
②一団地認定による総合的設計 （建築基準法第86条1項）	一団地に一以上の建築物を総合的設計によって建築する際において、特定行政庁が市街地環境の整備改善に支障がないと認めた場合一般形態規制の一部を緩和する制度。同一団地内の地権者間での容積移転が可能。
③連担建築物設計制度 （建築基準法第86条2項）	既存建築物の存する敷地も含め一団地認定することを可能にしたもの。この制度により既存建物の未利用容積率を一団地内の他の土地へ移転し活用することが可能となる。
④特定街区 （建築基準法第60条）	市街地の整備改善を図るための街区の整備・造成が行われる地区について、一定規模の空地確保等を条件として形態制限の緩和などを都市計画で定める制度。道路などを挟む複数街区におよぶ場合もある。複数街区の場合、道路や他の街区を飛び超えた街区間での容積移転も可能。
⑤再開発等促進区 （建築基準法第68条の3）	工場跡地など大規模低・未利用地の再開発を行う際に、地区計画において、公共施設・空地の確保を条件に建築物の用途や容積率等の制限を緩和する制度。複数権利者での開発や既存の建物を保存しつつ開発する場合などに有効で、未利用の容積率を他の敷地で利用可能。

⑥容積配分型地区計画 (建築基準法第68条の5)	都市計画により、地区内の総指定容積総量を超えない範囲内で容積率の適正な再配分を行う制度。地区内の低容積エリアから高容積エリアへの容積移転が実現する。
⑦特例容積率適用地区 (建築基準法第57条の2)	全体としての高度利用を図るべき区域について、都市計画により指定する。この区域内の総指定容積総量の範囲内であれば、区域内の飛び地同士であっても容積率の移転が認められる。
⑧都市再生特別地区 (建築基準法第60条の2)	都市再生緊急整備地域内において、既存の用途地域等に基づく用途、容積率等の規制を適用除外とした上で、自由度の高い計画を定めることができる。特区による容積率緩和分を各地区に配分している例がある。

③ 不動産に関する権利…債権

1. 賃借権

当事者の一方が、相手方より「賃貸借契約」に基づき、あるもの
を借りて使用・収益する借主の権利のこと。

借主はその対価として貸主に賃料を支払う。民法上は「債権」とさ
れており権利としての力が弱い。ただし不動産賃借権については借
地借家法、農地法により保護を強化されており、「物権」に近い。

2. 借地権

建物の所有を目的とする地上権または土地の賃借権のこと（借地
借家法（以下同法という）第2条1号）。

実際は地上権の例は少なく、ほとんどが賃借権である。借地権
者は地主に対し地代支払い等の義務を負う。同法では、その存続
期間、契約の更新、譲渡や転貸の場合の地主の承諾に代わる裁判
所の許可、借地権者の建物買取請求権などが定められている（15頁
表参照）。また、これは一つの財産権として評価されるものであり、
借地権設定の際その評価額分の権利金が授受される場合がある。
第三者への対抗力は、地上建物が登記されておれば、土地賃借権
または地上権の登記がされていなくても認められている。

〔参照〕☞借地の契約更新・条件変更（84頁）、借地権の評価（156頁）、貸
地の借地人より買取りの申し出を受けた場合（88頁）、権利金の
授受のない借地権（74頁）

3. 旧法借地権、普通借地権、定期借地権

1992年8月に施行された借地借家法に基づく「普通借地権」と、
それ以前の旧借地法に基づく「借地権」においては、存続期間が満
了しても借地権が消滅せず、契約更新の拒絶には「正当事由」が必
要とされている。したがって、ひとたび借地契約が取り交わされると、
地主の側から借地関係の解消を求めることは困難となっている。

一方で、借地借家法（以下同法という）では、「定期借地権」（同法
第22条）、「建物譲渡特約付借地権」（同法第24条）、「事業用借地権」

（同法第23条）の3つの「定期借地権」が用意されており、一定の条件下で更新のない借地権が認められている。定期借地権は、従前の借地権に比べ地主にとって活用しやすいものであり、借地の供給活性化に繋がっている。

〔参照〕☞定期借地権の評価(158頁)

＜借地権、定期借地権の種類＞

根拠法	種類		期間	特徴
借地法（旧法）	借地権	存続期間に定めがある場合	堅固な建物 30年以上	1992年7月31日までに設定された従前からの借地権。利用目的は特に限定されない。契約は原則更新される。
			非堅固な建物 20年以上	
		存続期間に定めがない場合	堅固な建物 60年	
			非堅固な建物 30年	
借地借家法	普通借地権	存続期間に定めがある場合	堅固・非堅固の区別なく一律30年以上	1992年8月1日以降に設定された借地権のうち、下記定期借地権以外のもの。契約方法に制約はなく、利用目的は特に限定されない。契約は原則更新される。建物の買取請求権あり。
		存続期間に定めがない場合	堅固・非堅固の区別なく一律30年	
	定期借地権	定期借地権	50年以上	書面(公正証書が望ましい)で契約更新排除特約を規定。借地契約満了時に当該借地上の建物を取壊し、更地にして土地所有者に明け渡す。借地契約の更新、存続期間の延長、建物の買取り請求は不可。利用目的は特に限定されない。
		建物譲渡特約付借地権	30年以上	借地権設定後30年以上経過した日に借地上の建物を土地所有者に譲渡することを特約し、その譲渡により終了する。利用目的は特に限定されない。
		事業用借地権	10年以上50年未満	必ず公正証書により契約を結ぶ。借地契約満了時に当該借地上の建物を取壊し更地にして明渡す。借地契約の更新、存続期間の延長、建物の買取り請求は不可。利用目的は事業用建物に限定され、住宅は不可。

4. 使用貸借

目的物（動産または不動産）を無償で借りて使用、収益し、後にその目的物を返還することを約束した契約のこと（民法第593条）。

借主は、契約終了時には目的物を原状に復し、貸主に返還しなければならない。この契約は、賃貸借と違い借主が使用収益の対価を支払わない無償のものであり、特殊な人的関係のある者同士（親族間や雇用関係など）で契約されることが多い。

なお、その目的物が住宅の場合であっても借地借家法（または旧借地法、旧借家法）などによる借主保護の適用対象外となる。

5. 借家権

建物の賃借権のうち「借地借家法」（または旧「借家法」）の適用をうけるもののこと。

「使用貸借」や「一時使用の賃貸借」の場合は借地借家法の適用外であり「借家権」とはならない。建物の引渡しを受ければ第三者に対抗することができる。なお、借家期間を1年未満と定めた場合には期間を定めなかったものとみなされる。

ちなみに、建物の一部の賃借であっても、マンションの1室のようにその部分について独占的、排他的支配が認められる場合は借家権が成立することが多いが、間借りのように独占的、排他的支配が認められない場合、借家権は成立しにくい。

〔参照〕☞借家の契約更新・契約終了（84頁）、貸家の評価（154頁）

6. 定期借家権（定期建物賃貸借）

借家権のうち、当初定めた契約期間が満了すると確定的に契約が終了するもののこと（借地借家法（以下同法という）第38条）。

建物の賃貸借契約は期間が満了しても「正当な事由」がない限り借家人に明渡しを求められず、契約更新がないとする特約も無効とされている（同法第28、30条）。しかしこの「定期借家権」では公正証書等の書面により契約し契約を更新しない旨を定めることにより、「正当な事由」の有無にかかわらず、事前通知により、契約更新せず明け渡しを受けることが可能である。当事者の合意により契約を継続するためには再契約を重ねていくことが必要になる。また、こ

の規定では契約期間が1年未満のものも認められている。

　ただし借家人保護の観点から、契約更新がない契約である旨の書面による事前説明の義務付けや期間満了の1年〜6ヵ月前事前通知などの規定が設けられている。なお、この制度が導入された2000年3月以前に締結された居住用建物の借家契約について、この借家人が引き続き賃借する場合は「定期借家」契約に変更することはできない。

第2章

不動産の調査のポイント

① 不動産の調査とは

「不動産の調査」とは、ある不動産について、その物的状況や権利関係、法令上の制限等を調べること。

不動産とは、土地とその定着物である建物等のことであり、誰もが日常生活の中で密接な関わりを持っている身近な存在である。しかし、実際に取引等を行う場面は限られているため、その際には、対象となる不動産について、不動産特有の専門的な調査が必要となる。

1. 不動産の調査が必要な場面

「不動産の調査」は、主に以下のような場面において必要になる。
(1)不動産の売買・交換・賃貸借を行うとき
(2)抵当権・質権等の担保権を設定・実行するとき
(3)不動産の相続・贈与を行うとき
(4)建物等の建築を行うとき
(5)不動産取引の仲介を行うとき
(6)不動産の評価を行うとき

このような場面において不動産の調査が必要な理由は、
(1)物件に瑕疵(欠陥)がある
(2)現実には存在しない
(3)利用状況が当事者が想定していたものと異なっている
(4)面積が異なっている
(5)法律や条例等の公法上の諸規制等に抵触している
(6)第三者が占有している

等の可能性があるからである。

また、登記事項証明書だけでは把握することができない権利関係があることにも注意を払わなければならない。そもそも全ての土地・建物が登記されているわけではなく、また登記された土地・建物についても取引の当事者にとって知る必要がある全ての権利関係が登記されているとは限らない。権利関係は取引価格にも影響

を与えるため、取引の直前もしくは取引後に判明した場合、その取引に大きな支障をきたすことも考えられる。

このほかにも、地中に埋蔵文化財が見つかったり、土壌汚染が見つかるケースもあり、これらについてもあわせて調査をしておく必要がある。

2. 不動産調査の種類

(1)権利者等からの聞き取り調査

対象不動産の所有者等と面談して行う調査。その不動産に関連した書類の確認（各種契約書、隣地所有者との覚書等）や、その不動産のこれまでの歴史（取引の経緯、増改築、以前の使用方法等）、問題点等を直接ヒアリングする。

(2)現地調査

対象不動産の現地に出向いて行う調査。不動産の形状、間口、奥行、隣地との境界線、越境物の有無、インフラの引込状況等を調査するとともに、対象不動産の接する道路や周辺環境等を確認する。

(3)法令上の制限の調査

対象不動産の建築や開発に関する規制、接面する道路等について、市役所等で行う調査。対象不動産の存する場所における都市計画法や建築基準法等による法令規制について調べる。

(4)登記所（法務局等）での調査

対象不動産の登記に関する事項について、登記所（法務局等）にて行う調査。対象不動産の権利関係の確認や位置の確定等のために登記事項証明書や公図の閲覧等によって行う。必要に応じてその隣接地等について調べる場合もある。なお、インターネットを利用して調査することもできる。

〔参照〕☞登記所調査のポイント(58頁)

(5)供給処理施設（インフラ）の調査

水道や下水道、電気、ガス等、供給処理施設の整備状況についての調査。それぞれの管轄事務所やインターネット等でそれらの配管状況等を調べる。

② 対象不動産の特定方法

　対象不動産の特定とは「不動産の調査」をするために、まず対象となる不動産を特定すること。つまり、対象となる不動産を明確に他の不動産から区別し、現実の利用状況と照らし合わせて確定することである。

　この特定作業をおろそかにすると、対象不動産を取り違えたり、対象不動産が現実に存在しなかったりといった事態を引き起こしかねないので、この作業は最も大切な作業の一つだといえる。

1. 資料による特定

　対象不動産を特定するにあたっては、まず対象不動産に関する資料を収集しなければならない。

　必要となる資料は、

(1)地図(住宅地図、都市地図等)

(2)公図、登記事項証明書(登記簿謄本)……所有者より、または登記所にて入手

(3)地積測量図、建物図面……所有者より、または登記所にて入手

(4)建築確認書類……所有者より入手(または台帳記載事項証明書による確認)

(5)固定資産課税台帳……役所の固定資産税課にて閲覧(所有者の委任状要)

(6)売買契約書、賃貸借契約書……所有者より入手

　　等が挙げられる。

　大まかな位置や形状は、住宅地図や都市地図等を用いることによって特定できる。しかし、対象不動産の位置や面積を正確に知るためには、公図や登記事項証明書、実測図を入手すること等も必要となる。

　物件の位置は住居表示または所在・地番(家屋番号)を用いて表示されるが、ここで、両者は同一でないことに注意しなければならない。

- 住居表示……私たちが日常、いわゆる「住所」として使用して慣れ親しんでいるもの。かつては住居等を表示するのに地番が使われていたが、地番が整理されていなかったため1962年「住居表示に関する法律」が施行され、住居表示が使われるようになった。なお、住居表示が未実施の地域もある。
- 地番……土地登記簿の表題部の記載事項の一つで、土地を個別に特定するため土地1筆ごとにつけられた番号のこと。地番は、市町村、字またはこれに準じる地域（地番地域）ごとに起番され、ある地番の土地を分筆するときはその地番に枝番がつけられる。なお、旧里道、水路等の法定外公共物には原則として地番が付されていない。

  このように地番は土地登記に関するものであり、住居表示上の番号とは異なるものである。
- 家屋番号……建物を個別に特定するためにつけられた登記事項証明書上の番号。

  物件の地番は、登記所備え付けの、住居表示と土地の所在・地番が併記されている地図等により確認できる。また役所においても調査が可能。土地の所在・地番が判明したら該当する登記事項証明書や公図等を入手する。

〔参照〕☞ 公図・地積測量図・建物図面に関する調査（48頁）、
　　　　　登記所調査のポイント（58頁）

　これらの公的な資料を用いて、対象不動産に隣接する不動産の所有者を調べ、これと住宅地図等を照合し、さらに登記所備え付けの地積測量図等により境界を確認し、対象物件を特定する。

2. 現地での特定

　上記の資料により特定をした上で、実際にその物件を自分の眼で確かめることが大切である。

　現地においては、関係者に対する聞き取りを参考にしながら、登記事項証明書による隣地所有者と現地の隣家の表札等を照合し、物件の特定を行う。また、間口、奥行き等より面積を概算し、資料と照合することで物件の範囲を特定することもできる。

〔参照〕☞ 現地調査のポイント（52頁）

③ 道路に関する調査

　対象不動産の接する道路に関する調査は、不動産取引、不動産を担保にとる場合などに最も重要なものの一つといえる。

　これは建築基準法（以下建基法という）に(1)接道義務、(2)幅員4m未満の道路の建築制限、(3)前面道路の幅員による容積率制限、等の規定があり、対象地の接する道路によって建築が制限されることや、日照・通風等に影響する場合がある等の理由による。

　調査項目としては、

①その道路の建基法上の扱い

②道路幅員(認定、現況)

③道路境界(官民)確定の有無

④私道の場合、その所有者と利用権の有無

　等が挙げられる。

〔参照〕☞ 現地調査のポイント(52頁)、役所調査のポイント(54頁)

1.　接道義務

(1)接道義務とは

　都市計画区域および準都市計画区域内において、建築物の敷地は幅員4m以上の「道路」に2m以上接しなければならない。

　ただし、建築物の周囲に広い空地がある場合等で特定行政庁が交通上、安全上、防火上および衛生上支障がないと認めて建築審査会の同意を得て許可されたものについては、この限りでないとされている(建基法第43条第2項)。

　都市計画区域外や準都市計画区域外の土地では、道路に2m以上接してなくても建築できるが、建基法の適用がある場合(建築確認が必要等の単体規定)がある。なお高速道路等の自動車専用道路だけにしか接しない敷地には建築できない。

(2)路地状部分による接道

　通常は道路に2m以上接していれば路地状部分(L字形の土地の進入部分)による接道でもよいが、防火避難の観点から、条例によっ

て、各種規制がなされている場合がある。

　例えば東京都では学校、病院、共同住宅（マンション、アパート）等特殊建築物は、より安全性が要求されるため、路地状部分だけで接する敷地には一部のものを除き原則として、建築できないとされている。

・道路……建基法でいう道路とは、原則として幅員4m以上のものを指し、同法で以下のとおり定められている。

〈主な道路の種類〉

		通称	建基法条項
①	国道、都道府県道、市区町村道で幅員4m以上のもの	道路法による道路・1号道路	42条1項1号
②	都市計画事業、土地区画整理事業等により築造されるもので幅員4m以上のもの	2号道路	42条1項2号
③	建基法施行時（1950年）に既にあった幅員4m以上の道路で現に一般交通の用に供しているもの	既存道路	42条1項3号
④	都市計画法、土地区画整理法、都市再開発法等で2年以内に事業が行われるものとして特定行政庁が指定したもので幅員4m以上のもの	計画道路	42条1項4号
⑤	宅地造成と併行して造られた私道等で特定行政庁が位置指定をした幅員4m以上の私道	位置指定道路	42条1項5号
⑥	建基法施行時、既に建築物が建ち並んでいた幅員4m未満の道で、特定行政庁が指定をしたもの	2項道路	42条2項

2. 幅員4m未満の道路の建築制限

　対象不動産が接する道路が上記⑥の「2項道路」である場合、その道路の中心線から2mの線が道路境界線とみなされる。この道路境界を後退させることを「セットバック」という。

　道路境界線が後退した部分は建ぺい率・容積率の算入上の面積から除外され、建物の建替え等の際には外壁・門塀の後退義務が発生する。

3. 道路幅員による容積率制限

　前面道路が幅員12m未満である建築物の容積率は、原則として前面道路幅員に住居系は4/10、商業・工業系は6/10をかけたもの以下としなければならない。

〔参照〕☞ 都市計画法・建築基準法に関する調査（26頁）

４ 都市計画法・建築基準法に関する調査

　対象不動産の調査において、その不動産が不動産に関する法令等によりどのような規制を受けるかについての調査は不可欠なものである。

　これはその規制内容の違いによって、

(1)建築可能な建物の用途、大きさ、形状等が規制されること

(2)売買すること自体が制限されること

(3)その結果その不動産の価格が左右されること

　等対象不動産に大きな影響を与えるためである。不動産の担保評価や不動産鑑定評価、宅地建物取引業者の重要事項説明書作成時等には特に慎重に調査する必要がある。

　〔参照〕☞ 不動産鑑定評価書とは（142頁）、不動産に関連するビジネスの専門家（198頁）、重要事項説明書とは（110頁）

　その中でも特に都市計画法、建築基準法による規制内容の調査は最も重要である。

・**都市計画法**……都市の健全な発展と秩序ある整備を図り、もって国土の均衡ある発展と公共の福祉の増進に寄与することを目的とする法律

・**建築基準法**……建築物の利用者自身あるいは近隣住民の生命、健康および財産を保護するため、建築物の敷地、構造、設備および用途に関する最低限のルールを定めた法律。

　〔参照〕☞ 役所調査のポイント（54頁）

　主な調査項目を以下で説明する。

1.　対象不動産が該当する区域区分の確認

(1)区域区分の確認

　都市計画区域か都市計画区域以外か、区域内の場合その区域区分は何かを調査する。

・**都市計画区域**……一体の都市として総合的に整備し、開発し、および保全する必要がある区域。行政区画とは関係なく定めら

れる。原則、都道府県が指定するが、複数の都府県にわたる場合は、国土交通大臣が指定する。

・準都市計画区域……都市計画区域以外の区域のうち、多くの建築物の建築等が現に行われていたり、または将来行われると見込まれるところで、そのまま放置すれば、将来無秩序な街づくりとなるおそれがある区域を、都道府県が準都市計画区域として指定する。

・区域区分……都市計画区域における市街化区域と市街化調整区域との区分。「線引き」ともいう。都市計画区域の中でも線引きがされない区域(非線引都市計画区域)もある。

・市街化区域……すでに市街地を形成している区域および概ね10年以内に優先的かつ計画的に市街化を図るべき区域。

・市街化調整区域……市街化を抑制すべき区域。区域内では開発行為や建物の建築が制限される。
〔参照〕☞ 市街化調整区域とは(62頁)

・非線引都市計画区域……市街化区域および市街化調整区域に関する都市計画が定められていない都市計画区域。

都市計画区域	市街化区域
	市街化調整区域
	非線引都市計画区域
都市計画区域以外	準都市計画区域
	その他の区域

(2)地域地区の確認

地域地区は都市計画で定められ、用途地域および補助的地域地区の2つに分かれる。

・用途地域……都市の土地利用計画の一つで、建築基準法によって建築できる建物の種類、容積率、建ぺい率、日影等が制限される地域。住居系、商業系、工業系の3種類に大別され合計で13の地域に分かれる。

・補助的地域地区(その他の地域地区)……用途地域以外の地域地区で、地域の特色を出して行くために指定される。

〈13種類の用途地域〉

	種類	内容
住居系	第一種低層住居専用地域	低層住宅に係る良好な住居の環境を保護するため定める地域
	第二種低層住居専用地域	主として低層住宅に係る良好な住居の環境を保護するため定める地域
	第一種中高層住居専用地域	中高層住宅に係る良好な住居の環境を保護するため定める地域
	第二種中高層住居専用地域	主として中高層住宅に係る良好な住居の環境を保護するため定める地域
	第一種住居地域	住居の環境を保護するため定める地域
	第二種住居地域	主として住居の環境を保護するため定める地域
	準住居地域	道路の沿道としての地域の特性にふさわしい業務の利便の増進を図りつつ、これと調和した住居の環境を保護するため定める地域
	田園住居地域	農業の利便の増進を図りつつ、これと調和した低層住宅に係る良好な住居の環境を保護するため定める地域
商業系	近隣商業地域	近隣の住宅地の住民に対する日用品の供給を行うことを主たる内容とする商業その他の業務の利便を増進するため定める地域
	商業地域	主として商業その他の業務の利便を増進するために定める地域
工業系	準工業地域	主として環境の悪化をもたらすおそれのない工業の利便を増進するため定める地域
	工業地域	主として工業の利便を増進するため定める地域
	工業専用地域	工業の利便を増進するため定める地域

〈主な補助的地域地区（その他の地域地区）〉

	種類	内容
用途地域内にのみ定められる	特別用途地区	用途地域内の一定の地区における当該地区の特性にふさわしい土地利用の増進、環境の保護等の特別の目的の実現を図るため当該用途地域の指定を補完して定める地区
	高層住居誘導地区	住居と住居以外の用途とを適正に配分し、利便性の高い高層住宅の建設を誘導するため、一定の用途地域内かつ、一定の容積率のものにおいて、容積率の最高限度、建ぺい率の最高限度および建築物の敷地面積の最低限度を定める地区
	高度地区	用途地域内において市街地の環境を維持し、または土地利用の増進を図るため、建築物の高さの最高限度または最低限度を定める地区
	高度利用地区	用途地域内の市街地における土地の合理的かつ健全な高度利用と都市機能の更新とを図るため、容積率の最高限度及び最低限度、建ぺい率の最高限度、建築物の建築面積の最低限度ならびに壁面の位置の制限を定める地区
※1	特定街区	市街地の整備改善を図るため街区の整備または造成が行われる地区について、その街区内における建築物の容積率ならびに高さの最高限度および壁面の位置の制限を定める街区

	防火・準防火地域	市街地における火災の危険を防除するため定める地域
	景観地区	市街地の良好な景観の形成を図るため定める地区
	風致地区	都市の風致を維持するため定める地区
※2	特定用途制限地域	用途地域が定められていない土地の区域（市街化調整区域を除く）内において、その良好な環境の形成または保持のため当該地域の特性に応じて合理的な土地利用が行われるよう、制限すべき特定の建築物等の用途の概要を定める地域

※1：用途地域外でも定められる。
※2：用途地域外に定められる。

(3)地区計画等の確認

　地区計画等には5種類ある。都市全体の計画を定める都市計画に対して、地区計画等には地区単位や街区単位で個性ある地区の形成を目指すため、都市計画の項目および内容を選択して定めることができ、地域の特性や特色を反映させた土地利用計画が定められる。

〈地区計画等一覧〉

地区計画	建築物の建築形態、公共施設その他の施設の配置等から見て、一体としてそれぞれの区域の特性にふさわしい態様を備えた良好な環境の各街区を整備し、開発し、保全するための計画
防災街区整備地区計画	防災機能が著しく低い密集市街地において、特定防災機能の確保と土地の合理的かつ健全な利用を図るため、当該区域の各街区を防災街区として一体的かつ総合的に整備することが適切であると認められる区域について定められる計画
歴史的風致維持向上地区計画	歴史的風致の維持および向上と土地の合理的かつ健全な利用を図るため、その歴史的風致にふさわしい用途の建築物その他の工作物の整備および当該区域内の市街地の保全を総合的に行うことが必要であると認められるものについて定められる計画
沿道地区計画	沿道整備道路に接続する土地の区域で、道路交通騒音により生ずる障害の防止と適正かつ合理的な土地利用の促進を図るため、一体的かつ総合的に市街地を整備することが適切であると認められるものについて定められる計画
集落地区計画	市街化調整区域等の集落地域において、営農条件と調和のとれた良好な居住環境の確保と適正な土地利用を図るため、当該集落地域の特性にふさわしい整備および保全を行うことが必要と認められるものについて定められる計画

2. 建物の形態規制に関する調査

(1)建ぺい率の確認

・建ぺい率……建築物の建築面積の敷地面積に対する割合。

各用途地域ごとに定められる。ただし、いずれの用途地域であっても、敷地が特定行政庁の指定する角地にある場合や、敷地が防火地域内にあり耐火建築物を建築する場合には建ぺい率規制は緩和される。

なお敷地が建ぺい率制限の異なる2以上の地域にわたる場合には、それぞれの地域の建ぺい率の最高限度の数値に、敷地全体に占める面積の割合を乗じた数値の合計が、その敷地全体の建ぺい率の最高限度になる。

(2)容積率の確認

・容積率……建築物の延べ面積の敷地面積に対する割合。

各用途地域ごとに指定されている。敷地が容積率制限の異なる2以上の地域にわたる場合は、それぞれの地域の容積率の最高限度の数値にその地域に係る敷地の敷地全体に占める割合を乗じた数値の合計が、その敷地全体の容積率の最高限度になる。

ただし建物の敷地が接する前面道路の幅員が12m未満である場合には、容積率はその幅員に①住居系の用途地域においては10分の4(特定行政庁が指定する区域内の建築物にあっては、10分の6)、②それ以外の地域においては、10分の6(特定行政庁が指定する区域内の建築物にあっては、10分の4または10分の8) を乗じたもの以下でなければならないという制限が課せられる。

(算定例)

①商業地:容積率400%、前面道路が幅員4mの場合

4×6/10＝24/10　400%＞240%　で容積率は240%となる。

②第二種住居地域:容積率300%、前面道路が42条2項道路で幅員2.5mの場合→幅員は4mとみなし算出

4×4/10＝16/10　300%＞160%　で容積率は160%となる。

(3)建築物の高さの規制の確認

斜線制限(道路斜線制限、隣地斜線制限、北側斜線制限)および日影による中高層建築物の高さの制限があり、いずれも制限の対象となる区域は用途地域ごとに異なる。

⑷敷地面積の最低限度の確認

　敷地の細分化を防止する観点から、必要に応じて200㎡以内の範囲で建築物の敷地面積の最低限度が定められる。ただし、商業地等において、建ぺい率の限度が10分の8とされている地域内で、かつ、防災地域内にある耐火建築物等については、敷地面積の最低限度未満であっても良いとされている。

⑸第一種・第二種低層住居専用地域、田園住居地域内における特別の規制の確認

　第一種・第二種低層住居専用地域、田園住居地域内においては、低層住宅に係る良好な住居の環境を保護するという観点から以下の特別の規制が設けられている。

①絶対高さ制限の確認

　建築物の高さは原則として、10m または12m までに制限される。

②外壁の後退距離の限度の確認

　隣家との間隔を十分に確保する観点から、都市計画で外壁の後退距離の限度を定めることができる。定める場合は、原則として、建築物の外壁またはこれに代わる柱の面から敷地境界線までの距離は1.5m または1m の間隔を置かなければならない。

3. 都市計画事業の有無の確認

・都市計画事業……都市施設の整備に関する事業および市街地開発事業をいう。都市施設とは道路、公園、上下水道、学校、病院等をいい、市街地開発事業とは市街化区域または区域区分が定められていない都市計画区域内において、一定の区域を総合的な計画に基づいて新たに開発、あるいは再開発するための事業をいう。

　都市計画事業は建築工事を伴って長い時間を要するため、事業を施工するのに必要な手続を法によって定め、事業の妨げとなるような土地の利用を制限している。

　対象不動産が都市計画施設の区域または市街地開発事業の施行区域内に該当する場合、建築物の建築をしようとする者は、原則として都道府県知事の許可を受けなければならないので調査を要する。

⑴都市計画事業の事業地内における建築等の制限

　都市計画事業の認可・承認の告示がなされると、①土地の形質の変更、②建築物の建築等、③一定の物件の設置・堆積のいずれかの行為を行おうとする者は都道府県知事の許可を受けなければならなくなる。

⑵市街地開発事業等予定区域の区域内における建築等の制限

　市街地開発事業等予定区域とは、市街地開発事業や都市施設の整備決定前において、できるだけ早い段階で大規模な開発適地を確保するために定められる都市計画をいう。市街地開発事業等予定区域の決定の告示のあった後は、都市施設の整備・市街地開発事業の決定の告示前であっても、建築物の建築等の制限の他に、土地形質の変更等の制限が課される。

4. 開発許可の要否の確認

　対象不動産について一定の開発行為をする場合開発許可が必要か否か確認する。

・開発行為……主として建築物の建築または特定工作物（コンクリートプラント・ゴルフコース等）の建設の用に供する目的で行う土地の区画形質を変更する行為。

・開発許可……開発行為に際し事前に都道府県知事から受けなければならない許可のこと。無秩序な開発を防止し計画的な街づくりを推進するため、市街化区域内で1,000㎡以上、非線引都市計画区域内および準都市計画区域内で3,000㎡以上、都市計画区域および準都市計画区域外で1ha以上の開発行為を行う者は原則として、都道府県知事の許可を受けなければならない。また、市街化調整区域での開発行為は面積に関係なく許可を必要とする。

　ただし、開発行為にあたるとしても、計画的な街づくりに支障をきたすおそれのないもの等については例外的に許可を不要としている。具体的には、次表に挙げる行為が許可不要となる。

〈開発許可の例外〉

	市街化区域	市街化調整区域	非線引都市計画区域	準都市計画区域	左記以外の区域
①	*1.2 原則1,000㎡未満	－	*2 原則3,000㎡未満	原則3,000㎡未満	1ha 未満
②	－	農林漁業の用に供する政令で定める建築物の建築を目的として行う開発行為 農林漁業者の居住の用に供する建築物の建築を目的として行う開発行為			
③	駅舎その他の鉄道の施設、図書館、公民館、変電所その他のこれらに類する公益上必要な建築物のうち開発区域およびその周辺の地域における適正かつ合理的な土地利用および環境の保全を図る上で支障がないものとして政令で定める建築物の建築の用に供する目的で行う開発行為				
④	都市計画事業・土地区画整理事業・市街地再開発事業・住宅街区整備事業・防災街区整備事業の施行として行う開発行為				
⑤	公有水面埋立法の免許を受けた埋立地で竣功認可の公示前に行われる開発行為				
⑥	非常災害のための応急措置として行う開発行為				
⑦	通常の管理行為、軽易な行為その他の行為で政令で定めるもの				

＊1　三大都市圏の一定区域は500㎡未満
＊2　一定の場合、知事は都道府県の規則で区域を限り、300㎡以上の範囲でその規模を別に定めることができる。

〈用途地域ごとの規制のまとめ〉

		第一種低層住居専用地域・第二種低層住居専用地域・田園住居地域	第一種中高層住居専用地域・第二種中高層住居専用地域	第一種住居地域・第二種住居地域・準住居地域	近隣商業地域
容積率	指定容積率（%）右記の中から都市計画で決定 ※（特定行政庁が都道府県都市計画審議会の議を経て決定）	50,60,80,100,150,200	100,150,200,300,400,500		
	前面道路幅員による容積制限の低減係数	4/10	4/10（特定行政庁が都道府県都市計画審議会の議を経て指定する区域内の建築物にあっては6/10）		6/10（特…4/10また…
建ぺい率	指定建ぺい率（%）右記の中から都市計画で決定 ※（特定行政庁が都道府県都市計画審議会の議を経て決定）	30,40,50,60		50,60,80	60,80
	建ぺい率不適用	——	——	都市計画で定める建ぺい率…	
斜線制限	道路斜線制限				
	隣地斜線制限	——	適用対象		適用対象
	北側斜線制限	適用対象	適用対象（日影規制の対象を除く）	——	——
	斜線制限適用除外	斜線制限と同程度の採光、通風等が提供されるものとして一…			
日影制限	対象区域 右記地域の中で、地方公共団体の条例で指定された区域	適用対象			
	対象建築物	軒の高さが7mを超える建築物、または地階を除く階数が3以上の建築物	高さが10mを超える建築物		
	絶対高さ制限 右記の中から都市計画で決定	10mまたは12m	——	——	——
	外壁の後退距離の制限 右記の中から都市計画で定めることができる	1.5mまたは1m	——	——	——

※ 根拠法：建築基準法 第52、53、54、55、56条

商業地域	準工業地域	工業地域	工業専用地域	用途地域の定めのない区域
,300,400,500, ,700,800,900, 0,1100,1200, 0	100,150, 200,300, 400,500	100,150,200,300,400		50,80, 100,200, 300,400 ※

庁が都道府県都市計画審議会の議を経て指定する区域内の建築物にあっては、
のうち特定行政庁が都道府県都市計画審議会の議を経て定めるもの)

商業地域	準工業地域	工業地域	工業専用地域	用途地域の定めのない区域
	50,60,80	50,0	30,40,50, 60	30,40,50, 60,70※

でかつ防火地域内の耐火建築物

対象

政庁が都道府県都市計画審議会の議を得て指定する区域においては適用なし)　　適用対象

商業地域	準工業地域	工業地域	工業専用地域	用途地域の定めのない区域
———	———	———	———	

に適合する建築物については適用なし

商業地域	準工業地域	工業地域	工業専用地域	用途地域の定めのない区域
———	適用対象	———		適用対象
———	高さが10mを 超える建築物	———		(イ)軒の高さが7mを超える建築物、または地階を除く階数が3以上の建築物、または(ロ)高さが10mを超える建築物のうちから地方公共団体がその地方の気候および風土、土地利用状況等を勘案して条例で指定するもの
———	———	———	———	———
———	———	———	———	———

〈用途地域による建築物の用途制限の概要〉

用途地域内の建築物の用途制限 ○ 建てられる用途 × 建てられない用途 ①、②、③、④、▲ 面積、階数等の制限あり。	第一種低層住居専用地域	第二種低層住居専用地域	第一種中高層住居専用地域	第二種中高層住居専用地域	第一種住居地域	第二種住居地域	準住居地域	田園住居地域	近隣商業地域	商業地域	準工業地域	工業地域	工業専用地域	備考
住宅、共同住宅、寄宿舎、下宿	○	○	○	○	○	○	○	○	○	○	○	○	×	
兼用住宅で、非住宅部分の床面積が、50㎡以下かつ建築物の延べ面積の2分の1未満のもの	○	○	○	○	○	○	○	○	○	○	○	○	×	非住宅部分の用途制限あり
店舗等 店舗等の床面積が150㎡以下のもの	×	①	②	③	○	○	○	①	○	○	○	○	④	① 日用品販売店舗、喫茶店、理髪店、建具屋等のサービス業用店舗のみ。2階以下
店舗等の床面積が150㎡を超え、500㎡以下のもの	×	×	②	③	○	○	○	■	○	○	○	○	④	② ①に加えて、物品販売店舗、飲食店、損保代理店・銀行の支店・宅地建物取引業者等のサービス業用店舗のみ。2階以下
店舗等の床面積が500㎡を超え、1,500㎡以下のもの	×	×	×	③	○	○	○	×	○	○	○	○	④	③ 2階以下
店舗等の床面積が1,500㎡を超え、3,000㎡以下のもの	×	×	×	×	○	○	○	×	○	○	○	○	④	④ 物品販売店舗及び飲食店を除く。■ 農産物直売所、農家レストラン等のみ。2階以下
店舗等の床面積が3,000㎡を超え、10,000㎡以下のもの	×	×	×	×	×	○	○	×	○	○	○	○	④	
店舗等の床面積が10,000㎡を超えるもの	×	×	×	×	×	×	×	×	○	○	○	×	×	
事務所等 事務所等の床面積が150㎡以下のもの	×	×	×	▲	○	○	○	×	○	○	○	○	○	
事務所等の床面積が150㎡を超え、500㎡以下のもの	×	×	×	▲	○	○	○	×	○	○	○	○	○	
事務所等の床面積が500㎡を超え、1,500㎡以下のもの	×	×	×	▲	○	○	○	×	○	○	○	○	○	▲2階以下
事務所等の床面積が1,500㎡を超え、3,000㎡以下のもの	×	×	×	×	○	○	○	×	○	○	○	○	○	
事務所等の床面積が3,000㎡を超えるもの	×	×	×	×	○	○	○	×	○	○	○	○	○	
ホテル、旅館	×	×	×	×	▲	○	○	×	○	○	○	×	×	▲3,000㎡以下
遊戯施設・風俗施設 ボーリング場、スケート場、水泳場、ゴルフ練習場等	×	×	×	×	▲	○	○	×	○	○	○	○	×	▲3,000㎡以下
カラオケボックス等	×	×	×	×	×	▲	▲	×	○	○	○	▲	▲	▲10,000㎡以下
麻雀屋、パチンコ屋、射的場、馬券・車券発売所等	×	×	×	×	×	▲	▲	×	○	○	○	▲	×	▲10,000㎡以下
劇場、映画館、演芸場、観覧場、ナイトクラブ等	×	×	×	×	×	×	▲	×	○	○	○	×	×	▲客席200㎡未満
キャバレー、個室付浴場等	×	×	×	×	×	×	×	×	×	○	▲	×	×	個室付浴場等を除く。

区分	用途														備考
公共施設・病院・学校等	幼稚園、小学校、中学校、高等学校	○	○	○	○	○	○	○	○	○	○	×	×	
	大学、高等専門学校、専修学校等	×	×	○	○	○	○	○	×	○	○	×	×	
	図書館等	○	○	○	○	○	○	○	○	○	○	○	×	
	巡査派出所、一定規模以下の郵便局等	○	○	○	○	○	○	○	○	○	○	○	○	
	神社、寺院、教会等	○	○	○	○	○	○	○	○	○	○	○	○	
	病院	×	×	○	○	○	○	○	×	○	○	×	×	
	公衆浴場、診療所、保育所等	○	○	○	○	○	○	○	○	○	○	○	○	
	老人ホーム、身体障害者福祉ホーム等	○	○	○	○	○	○	○	○	○	○	○	×	
	老人福祉センター、児童厚生施設等	▲	▲	○	○	○	○	○	▲	○	○	○	○	▲600㎡以下
	自動車教習所	×	×	×	×	○	○	○	○	○	○	○	○	▲3,000㎡以下
工場・倉庫等	単独車庫（附属車庫を除く）	×	×	×	▲	▲	▲	○	▲	○	○	○	○	▲300㎡以下　2階以下
	建築物附属自動車車庫①②③については、建築物の延べ面積の1/2以下かつ備考欄に記載の制限	①	①	②	②	③	③	○	①	○	○	○	○	①600㎡以下　1階以下 ②3,000㎡以下　2階以下 ③2階以下 ※一団地の敷地内について別に制限あり。
	倉庫業倉庫	×	×	×	×	×	×	○	×	○	○	○	○	
	自家用倉庫	×	×	×	①	②	○	■	○	○	○	○	○	①2階以下かつ1,500㎡以下 ②3,000㎡以下 ■農産物及び農業の生産資材を貯蔵するものに限る。
	畜舎（15㎡を超えるもの）	×	×	×	×	×	▲	○	○	○	○	○	○	▲3,000㎡以下
	パン屋、米屋、豆腐屋、菓子屋、洋服屋、畳屋、建具屋、自転車店等で作業場の床面積が50㎡以下	×	×	×	▲	▲	▲	▲	○	○	○	○	○	原動機の制限あり。 ▲2階以下
	危険性や環境を悪化させるおそれが非常に少ない工場	×	×	×	①	①	①	■	②	②	○	○	○	原動機・作業内容の制限あり。
	危険性や環境を悪化させるおそれが少ない工場	×	×	×	×	×	×	②	○	○	○	○	○	作業場の床面積 ①50㎡以下 ②150㎡以下 ■農産物を生産、集荷、処理及び貯蔵するものに限る。
	危険性や環境を悪化させるおそれがやや多い工場	×	×	×	×	×	×	×	×	×	○	○	○	
	危険性が大きいか又は著しく環境を悪化させるおそれがある工場	×	×	×	×	×	×	×	×	×	×	○	○	
	自動車修理工場	×	×	×	①	①	②	×	③	③	○	○	○	原動機の制限あり。 作業場の床面積 ①50㎡以下 ②150㎡以下 ③300㎡以下
	火薬、石油類、ガスなどの危険物の貯蔵・処理の量　量が非常に少ない施設	×	×	×	①	②	○	○	○	○	○	○	○	
	量が少ない施設	×	×	×	×	①	②	○	○	○	○	○	○	①1,500㎡以下　2階以下 ②3,000㎡以下
	量がやや多い施設	×	×	×	×	×	×	×	○	○	○	○	○	
	量が多い施設	×	×	×	×	×	×	×	×	○	○	○	○	

(注1) 本表は、改正後の建築基準法別表第二の概要であり、全ての制限について掲載したものではない。
(注2) 卸売市場、火葬場、と畜場、汚物処理場、ごみ焼却場等は、都市計画区域内においては都市計画決定が必要など、別に規定あり。

※ 出所：東京都　※ 根拠法：建築基準法 第48条

⑤ その他の調査必要法令と供給処理施設に関する調査

　都市計画法や建築基準法による規制に関する調査に加え、以下の事項についても調査が必要である。

1. その他の法令に基づく規制
(1)土地区画整理事業の施行区域に該当しないかの確認
・土地区画整理法……公共施設の整備改善および宅地の利用の増進を図るための土地の区画形質の変更等に関する土地区画整備事業に関して必要な事項を定めている。

　〔参照〕☞土地区画整理事業とは(64頁)

(2)国土利用計画法の許可・届出の要否の確認
・国土利用計画法……土地の投機的取引および地価の高騰が国民生活に及ぼす弊害を除去し、かつ、適正かつ合理的な土地利用の確保を図るため、一定の土地に関する取引について規制する法律。全国において一定の面積以上の土地取引を事後届出制とし、また特に強化を図るため注視区域・監視区域(事前届出制)、規制区域(許可制)を定めて土地の取引を規制している。現在、注視区域・規制区域についての指定はなく、監視区域のみ東京都小笠原村(2020年1月4日まで)が指定されている(2019年6月末現在)。

(3)市街地再開発促進区域に該当しないかの確認
・都市再開発法……市街地の計画的な再開発に関し必要な事項を定めることにより、都市における土地の合理的かつ健全な高度利用と都市機能の更新とを図り、もって公共の福祉に寄与することを目的とする法律。具体的には、市街地再開発事業によって低層の木造密集市街地や住宅、店舗および工場等が混在して環境の悪化した市街地において、建築物と公共施設を一体的に整備すること。

　市街地再開発事業には第1種市街地再開発事業(権利変換方式)と第2種市街地再開発事業(全面買収方式)とがある。

⑷公有地の拡大の推進に関する法律の届出の要否確認

・公有地の拡大の推進に関する法律……都市の健全な発展と秩序ある整備を促進するため必要な土地の先買いに関する制度を整備し、地方公共団体に代わって土地の先行取得を行うこと等を目的とする土地開発公社の創設その他の措置を講ずることにより、公有地の拡大の計画的な推進を図り、地域の秩序ある整備と公共の福祉の増進に資することを目的とする法律。

　一定の要件に該当する土地を有償で譲渡しようとする者は都道府県知事に届出をしなければならない。届出の結果地方公共団体等が買取りを希望する場合は、所有者と協議することになる。

⑸周知の埋蔵文化財包蔵地に該当しないかの確認

　対象物件が文化財保護法に基づく「周知の埋蔵文化財包蔵地(埋蔵文化財の存在がその地域社会において知られている土地)」に該当していないかを確認する。

・文化財保護法……文化財を保存し、かつ、その活用を図り、もって国民の文化的向上に資するとともに、世界文化の進歩に貢献することを目的とする法律。

　該当している場合、工事着手の60日前までに「埋蔵文化財発掘の届出」を教育委員会へ提出することが義務づけられている。この届出により、埋蔵文化財保護のための指示(慎重工事、立会調査、発掘調査、現状保存等)がなされることがある。

⑹宅地造成工事規制区域に該当しないかの確認

　対象物件が宅地造成等規制法に基づく「宅地造成工事規制区域」に該当していないか確認する。

・宅地造成等規制法……宅地造成に伴うがけ崩れまたは土砂の流出を生じるおそれが著しい市街地または市街地になろうとする土地の区域内において、宅地造成に関する工事等について災害防止のため必要な規制を行うことで、国民の生命および財産の保護を図り、もって公共の福祉に寄与することを目的とした法律。

　都道府県知事はこの法律の目的を達成するため必要があると認めるときは、「宅地造成工事規制区域」を指定することができ、この区域内で宅地造成工事を行おうとするものは、都道府県知事の許可を受けなければならない。許可を必要とする工事には該当し

ない場合でも、同区域内で一定の工事をする際は都道府県知事への届出が必要となる。また、同区域内の所有者等には、宅地造成に伴う災害防止のための保全義務が生じる。

(7)生産緑地に該当しないかの確認

対象物件が、生産緑地に指定されていないかを確認する。指定されていると建築行為が制限され、農地としての管理が求められる。

・生産緑地法……生産緑地地区に関する都市計画に関し必要な事項を定めることにより、農林漁業との調整を図りつつ、良好な都市環境の形成に資することを目的とする法律。

(8)自然公園に該当しないかの確認

対象物件が、特別地域、特別保護地区、海中公園地区、普通地域における国立公園または国定公園に該当しないか確認する

・自然公園法……優れた自然の風景地を保護するとともに、その利用の増進を図り、もって国民の保健、休養および教化に資することを目的とする法律。対象地が自然公園法に基づく国立・国定公園に指定されている場合、一定の行為を行うには、国立公園にあっては環境大臣、国定公園にあっては都道府県知事の許可あるいは届出が必要になる。

(9)都市再生特別地区に該当しないかの確認

対象物件が都市再生特別措置法に基づく「都市再生緊急整備地域」に指定されている場合、「都市再生特別地区」の指定や「民間都市再生事業計画」の認定を受けている可能性がある。

・都市再生特別措置法……民間による再開発事業などを促すため、時間と場所を限定した大胆な支援措置をとり都市再生を推進させることを目的に2002年4月に制定(同6月施行)された法律。

・都市再生緊急整備地域……都市の再生の拠点として、都市開発事業等を通じて、緊急かつ重点的に市街地の整備を推進すべき地域。指定されると、自治体が都市計画に「都市再生特別地区」を定めることや、民間事業者が国土交通大臣に「民間都市再生事業」の認定を申請することができるようになる。

・都市再生特別地区……既存の用途地域等に基づく用途、容積率等の規制を適用除外とした上で、誘導すべき用途や容積率最高限度などを別途定めることができる自由度の高い特別な都市計

画を創設できる地区。

・認定都市再生事業計画……国土交通大臣に認定されると民間都
　市開発推進機構による債務保証や無利子貸付、税制上の特例
　措置などの金融支援を受けることができる。

⑽農地法上の許可または届出の要否の確認

・農地法……農地はその耕作者自らが所有することを最も適当で
　あると認めて、耕作者の農地の取得を促進し、およびその権利
　を保護し、ならびに土地の農業上の効率的な利用を図るためそ
　の利用関係を調整し、もって耕作者の地位の安定と農業生産力
　の増進とを図ることを目的とする法律。

　農地法の適用を受ける農地かどうかは登記簿上の地目（田・畑）
によるものではなく、現況が耕作の目的に供される土地という観点
で判断するため、登記簿上の地目と一致しないことがある。農地ま
たは採草放牧地について、①権利移動(農地法第3条)、②転用(農
地法第4条)、③転用を目的とした権利移動（農地法第5条）を行う
場合には、許可または届出が必要になるため確認が必要となる。

⑾土壌汚染対策法

・土壌汚染対策法……土壌の特定有害物質による汚染の状況の把
　握に関する措置およびその汚染による人の健康に係る被害の防止
　に関する措置を定めること等により、土壌汚染対策の実施を図り、
　もって国民の健康を保護することを目的とする法律。

　土壌汚染の有無は不動産の価値に大きな影響を与えるため、慎
重に調査しなければならない。

　〔参照〕☞土壌汚染に関する初期調査(218頁)

⑿景観法

　対象物件が、「景観地区」、「準景観地区」に指定されているかど
うかを確認する。また、「景観計画区域」に該当するか確認し、該
当する場合は区域内における地区区分とその制限を調査する。

・景観法……良好な景観の形成を促進するため、景観計画の策定
　その他の施策を総合的に講ずることにより、美しく風格のある国
　土の形成、潤いのある豊かな生活環境の創造および個性的で活
　力ある地域社会の実現を図り、もって国民生活の向上ならびに
　国民経済および地域社会の健全な発展に寄与することを目的と

する法律。

対象地が景観地区、準景観地区に該当する場合は建築物等の形態意匠が制限される。また、対象地が景観計画区域内に該当する場合は、建築物・工作物の新築、増改築等を行うにあたって一定の事項を景観行政団体(都道府県等)の長に届けなければならない。

調査が必要となる法令は、ここで取り上げた以外にも多岐にわたる。宅地建物取引業法(施行令第3条1項)では、重要事項説明書の中で宅地建物取引業者(宅地建物取引士)が説明すべき法令として、右図一覧の法令が記載されており(2019年6月末現在)、対象不動産にどのような法令上の制限がかかるのか、物件の特徴をしっかり捉え慎重に調査する必要がある。

2. 供給処理施設の調査

(1)供給処理施設とは

供給処理施設とは、①水道(飲用水)、②工業用水、③都市ガス、④電気、⑤公共下水施設などをいう。

供給処理施設の有無は不動産の経済価値を左右するため重要な調査項目である。聞き取り調査、現地調査で判明するのは供給処理施設の有無や種類などの目に見える部分にすぎない。

供給管の埋設状況、それらに関する権利関係や費用負担など、目に見えない部分が重要な問題となるので、水量計、止水栓、仕切弁、マンホール、汚水ます、雨水ます等目印となる設備の位置から敷地の配管状況を確認するなどの注意が必要である。

(2)調査項目

①前面道路の供給管の埋設状況

②前面道路にない場合は接続可能な管の場所の確認

③対象物件への引き込み管(線)の状況

④供給処理施設の容量・能力が土地利用に合致しているか

⑤上記引き込み管(線)が他の土地を通過していないか。逆に他の土地への引き込みが対象物件を通過していないか。

⑥それらに関する権利関係や費用負担

　〔参照〕☞供給処理施設調査のポイント(60頁)

〈宅地建物取引業法施行令第3条1項に基づく法令一覧〉

令第3条1項	法令名
1	都市計画法
2	建築基準法
3	古都における歴史的風土の保存に関する特別措置法(古都保存法)
4	都市緑地法
5	生産緑地法
5の2	特定空港周辺航空機騒音対策特別措置法
5の3	景観法
6	土地区画整理法
6の2	大都市地域における住宅及び住宅地の供給の促進に関する特別措置法(大都市法)
6の3	地方拠点都市地域の整備及び産業業務施設の再配置の促進に関する法律
6の4	被災市街地復興特別措置法
7	新住宅市街地開発法
7の2	新都市基盤整備法
8	旧公共施設の整備に関連する市街地の改造に関する法律(旧市街地改造法)
9	首都圏の近郊整備地帯及び都市開発区域の整備に関する法律(首都圏等整備法)
10	近畿圏の近郊整備区域及び都市開発区域の整備及び開発に関する法律
11	流通業務市街地の整備に関する法律(流通業務市街地整備法)
12	都市再開発法
12の2	幹線道路の沿道の整備に関する法律(沿道整備法)
12の3	集落地域整備法
12の4	密集市街地における防災街区の整備の促進に関する法律(密集法)
12の5	地域における歴史的風致の維持及び向上に関する法律
13	港湾法
14	住宅地区改良法
15	公有地の拡大の推進に関する法律(公拡法)
16	農地法
17	宅地造成等規制法
17の2	マンションの建替え等の円滑化に関する法律
17の3	都市公園法
18	自然公園法
18の2	首都圏近郊緑地保全法
18の3	近畿圏の保全区域の整備に関する法律
18の4	都市の低炭素化の促進に関する法律
18の5	水防法
18の6	下水道法
19	河川法
19の2	特定都市河川浸水被害対策法
20	海岸法

20の2	津波防災地域づくりに関する法律
21	砂防法
22	地すべり等防止法
23	急傾斜地の崩壊による災害の防止に関する法律(がけ崩れ防止法)
23の2	土砂災害警戒区域等における土砂災害防止対策の推進に関する法律 (土砂災害防止法)
24	森林法
24の2	森林経営管理法
25	道路法
26	全国新幹線鉄道整備法
27	土地収用法
28	文化財保護法
29	航空法
30	国土利用計画法
30の2	核原料物質、核燃料物質及び原子炉の規制に関する法律
31	廃棄物の処理及び清掃に関する法律(廃棄物処理法)
32	土壌汚染対策法
33	都市再生特別措置法
33の2	地域再生法
34	高齢者、障害者等の移動等の円滑化の促進に関する法律
35	災害対策基本法
36	東日本大震災復興特別区域法
37	大規模災害からの復興に関する法律

⑥ 登記に関する調査

　登記簿は、不動産登記法に規定された土地や建物の現況とこれに関する所有権をはじめとするその他権利関係を一般に公示するものである。したがって、目的の不動産の種類、位置等を特定し、不動産に関する権利関係（所有者および所有権以外の貸借権、抵当権等の権利）について確認する場合には、登記簿の調査が必要となる。

・不動産登記制度……対象物件の権利関係を公的に公示し、もって不動産の取引を行う者が登記簿を閲覧することによって安心して取引ができるようにすることを目的とした制度。

〔参照〕☞ 登記所調査のポイント(58頁)

1. 登記の効果

(1)登記の「対抗力」

　不動産を取得した場合、売買による権利の変動は登記することで当事者以外の第三者に権利を主張することができる。これを登記の「対抗力」という。

(2)登記に「公信力」は認められるか

　登記の「公信力」とは、登記が真実の権利関係と異なる場合であっても、これを信頼して取引を行った者に対し、登記のとおりの権利関係が存在したと同様の法律効果を認める効力である。これを認めると真実の権利者に不利となるおそれがあるため、日本では不動産の登記に「公信力」を認めていない。

　したがって、登記簿上の所有者が真の不動産の所有者ではない場合に、その者から所有権移転登記を受けても、当該権利変動は無効となり所有権を取得することはできない。

(3)登記の「推定力」

　上記「公信力」に対し、登記がある場合に、実体上の権利関係または事実などが登記のとおりであると一応取り扱われる効力を登記の「推定力」という。登記に認められているのはこの「推定力」に留

まるので、反証があれば推定は覆される。

2. 登記簿の仕組み

不動産登記法によって登記される不動産には土地と建物の2種類がある。土地の登記は「筆」という単位を使い、一筆の土地を1個と数えて地番をつけて区分される。その地番ごとに登記記録が作成され、登記簿に記録されている。

この地番は絶対的なものではなく、分筆（一筆の土地を数筆の土地に分けること）や合筆（数筆の土地を一筆の土地とすること）により変わるので注意を要する。

3. 登記簿の構成

登記簿は次の表のとおり「表題部」、「甲区」、「乙区」の3つから構成される。

表題部になす登記を「表示に関する登記」、甲区乙区になす登記を「権利に関する登記」という。権利に関する登記申請は、当事者が任意に行うものであるので、これらの登記がないときは当該部分はない。

登記簿	記載内容
表題部 （土地または建物の表示に関する事項） ※所有権の登記がされていない場合（甲区用紙がない場合）には、表題部末尾に所有者の表示がなされる。	土地－土地の所在、地番、地目、地積、登記原因およびその日付、登記の年月日等 建物－建物の所在、家屋番号、種類、構造、床面積、登記原因およびその日付、登記の年月日、附属建物の種類、構造、床面積等
甲区 （所有権に関する事項）	所有権の保存登記、移転登記、移転仮登記、買戻特約の登記、差押登記、仮差押登記、仮処分の登記、信託登記等
乙区 （所有権以外の権利に関する事項）	地上権、永小作権、地役権、先取特権、質権、抵当権・根抵当権、貸借権、採石権

・地目……土地の主たる用途を表すために付けられている名称。以下の23種等に区分して定められる。

「田」「畑」「宅地」「学校用地」「鉄道用地」「塩田」「鉱泉地」「池

沼（ちしょう）」「山林」「牧場」「原野」「墓地」「境内地」「運河用地」「水道用地」「用悪水路」「ため池」「堤」「井溝（せいこう）」「保安林」「公衆用道路」「公園」「雑種地」

- 地積……登記簿に記載される土地の面積。水平投影面積により㎡を単位として定め、100分の1㎡未満（10㎡超の宅地および鉱泉地以外の土地では1㎡未満）の端数は切り捨てる。

7 公図・地積測量図・建物図面に関する調査

対象不動産の場所の特定や範囲の確定のため登記所に備えられ
ている以下の図面の写しをとることも必要な調査のひとつである。

〔参照〕☞ 対象不動産の特定方法(22頁)

1. 公図

登記所が保管している地図で、写しをとることが可能。以下の2
つの地図が一般に「公図」と呼ばれている。これにより、土地の位
置、地形、隣地が確認できる。

(1)土地台帳法所定の土地台帳附属地図

「登記所には、土地台帳の外に、地図を備える」という旧土地台帳
法施行細則の規定により、登記簿と台帳の一元化(1960年3月)前
の土地台帳制度の下において、土地台帳のほかに土地の区画およ
び地番を明らかにするため備えていた地図。

現在の公図は、1873年から1881年までの間に作成された改租図
(これを、字切図ともいう)を基礎として和紙に書き込まれたものが
基本となっており、現状と必ずしも一致しない。

改租図のうち大多数のものは、従来、税務署において租税徴収
のための資料として保管していたものであるが、昭和25年に台帳
事務が登記所に移管された(市区町村が固定資産税を課することに
なった)ことに伴い、土地台帳とともに登記所に移された。

公図の縮尺は600分の1が多く、方位はバラバラの場合もある。
また、方位の記入がない場合もある。

地租徴収を目的として作られた改租図では、課税対象外の道路
や水路には地番が付けられず、赤や青に着色しただけの無番地と
されたことから、現在でもこれらが赤道、水路等の法定外公共物
として残っている。

(2)14条地図

不動産登記法第14条の規定に基づくため、「14条地図」と呼ばれ
る。国土交通省が全国ですすめる「地籍調査」によって作製される。

地籍調査が行われると、その結果が登記所に送られ、登記所において、これまでの登記簿と地図が更新される。地図の縮尺は500分の1、地形、方位（図の上が北）等はほぼ実測図に近い。

・地籍調査……国土調査法に基づき、主に市町村が主体となって、一筆ごとの所有者、地番、地目、境界、面積等を正確に調査し、測量すること。

・公図（和紙等）の着色表現例……道：赤色、水路：水色、堤：ねずみ色または茶色。

・赤道（あかみち）赤地（あかち）・赤線……法定外公共物のうち、昔から公衆用道路として用いられていた土地で、里道ともいう。無番地の公有地。

・水路・青地（あおち）・青線……法定外公共物のうち、水路・河川等の無番地。

・縄のび（縄延び）……実測した結果、実測面積が登記簿面積より広いこと。公図は、地租徴収のための資料として作製されたものであるため、現況より小さく作図されたといわれ、縄のびしていることが多い。この逆を縄縮みという。

2.　地積測量図

　　新たに登記すべき土地が生じたとき（埋立て、公有地払下げ等を原因とする土地の表示登記の際など）、あるいは土地の分筆や合筆をするとき、地積の更正をするときなどの登記申請時に、添付しなければならない実測図面。

　　昔から存する土地や、昔に分合筆した土地には、地積測量図がない場合が多い。これで正確な形状（間口、奥行等）や隣地との位置関係、境界標の位置等を確認できる。

3.　建物図面

　　建物を新築して表題登記をするときや建物を区分所有登記する場合には、建物図面および各階の平面図を登記申請書に添付する必要がある。建物図面には、間取りなどは記載されないが、敷地内での建物の位置、大きさ等が分かる。

〔参照〕☞ 登記所調査のポイント（58頁）

8 聞き取り調査のポイント

　不動産の調査を行う場合、まず相談者に対する「聞き取り調査」から始める。対象物件を理解することで現地調査・役所調査で注意すべき事項が把握できる。また、相談者から書類(またはそれらのコピー)を入手しておくと後の調査がスムーズに進む。

1. 聞き取り調査において調査すべき事項
(1)相談者についての調査
　不動産取引や担保の設定を行う場合、まず相談者に不動産取引や担保の設定に関する権原(法律上の根拠)があるか調べる必要がある。そのため相談者が所有権者(地上権や地役権の場合には地上権者または地役権者)であることを確認する。
　具体的には登記上の名義人が真の権利者かを調査する。不動産売買では通常登記名義を変更するため、登記名義人と真の所有者は一致することが多いが、取引後すぐに変更されていない場合など一致しないこともある。本人確認に絶対確実な方法はなく、できるだけ多数の資料を収集して総合的に判断すべきである。
(2)増改築の経緯、関係書類の確認
　建物の増改築等の有無を聞き取り、登記や建物図面の内容と実態の異同を確認する。また、新築、増改築の各時点において、確認済証および検査済証が交付されているか確認する。
(3)物件の瑕疵
　見落としがちな建物等の瑕疵(欠陥・不具合)は、聞き取り調査の段階で把握しておくと現地調査での確認漏れを防げる。雨漏り・白蟻・水漏れ等についてはその程度や修繕の履歴については聞き取る。過去の火災や事故等についても聞き取りを行う。
　〔参照〕☞ 瑕疵担保責任(改正民法における契約不適合)(113頁)
(4)対象不動産の用途の歴史:地歴
　土壌汚染の可能性などを知る手がかりになる。旧工場用地などは特に要注意。〔参照〕☞ 土壌汚染に関する初期調査(218頁)

2. 確認または入手すべき書類

主なものを例示すれば以下のとおりである。

(1)登記済証……権利移転等の登記が完了した際に登記名義人に交付され、権利証とも呼ばれるもの。相談者の登記済証の記載内容が、登記簿の記載と一致するか確認する。登記済証を確認できない場合は、相談者の権利の有無を十分確認する。不動産登記法の改正に伴い、2005年3月7日以降にオンライン指定庁において登記申請された不動産については、登記済証に代わり、登記識別情報が通知される。

(2)登記事項証明書(土地・建物)・公図・地積測量図・建物図面……相談者から入手する場合は直近のものを求める。いずれも登記所で入手可能。物件によってはない場合もある。

(3)建物の設計図書・分譲時のパンフレット……建物の問題点の確認や価格の把握、セールス用図面の作成などに有効。

(4)各契約書……売買契約書、賃貸借契約書等は権利関係・特約条項を知る手がかりになるのでコピーをとる。区分所有建物の場合には管理規約も確認しておくとよい。

(5)購入時の重要事項説明書……宅地建物取引業者が売主または仲介業者として関与した取引で物件を購入した所有者には、契約時に業者から重要事項説明書が交付されている。契約内容や物件の内容を知る手がかりになる。

〔参照〕☞ 重要事項説明書とは(110頁)

(6)固定資産税の納税通知書、評価証明書……評価証明書は相談者が持っていない場合、市町村役場・都税事務所等で入手可能であるが、所有者の委任状が必要である。

(7)アスベスト使用の有無調査結果、耐震診断の記録、建物状況調査(既存住宅の場合)の有無……調査結果、診断記録の有無を確認する。

〔参照〕☞ アスベスト対策(222頁)、建物の耐震基準(234頁)

(8)その他……必要に応じて次のような書類を調査する。
仮換地証明書・仮換地指定図・道路位置指定通知書・農地転用の関係書類など。

⑨ 現地調査のポイント

　現地調査とは対象不動産を現地で実際に確認する調査のこと。相談者からの聞き取り調査・登記事項証明書等によって確定した事項と一致するかを確認し、あわせて周辺の環境を調べる。また役所調査の基にもなるので、不動産に関連する各法令を念頭に置きながら前後左右・上下の六面をくまなく観察する。

　なお役所調査の後に再度現地で確認が必要となる場合もある。

〔参照〕☞都市計画法・建築基準法に関する調査(26頁)、その他の調査必要法令と供給処理施設に関する調査(38頁)、聞き取り調査のポイント(50頁)、役所調査のポイント(54頁)

1. 現地調査において調査すべき事項
(1)物件の確認

　聞き取り調査・登記事項証明書・公図・建物図面・地積測量図等で確定した対象物件と現地の不動産が一致するかを確認する。土地・建物登記の内容と、実際の土地や建物の様子、聞き取り調査で把握した土地・建物の内容が一致しない場合もあるので丁寧に行うこと。対象物件の物的な確定は登記簿の地番と公図・住宅地図等に基づいて行うが、公図は必ずしも現況と一致しないので、実測図・建物配置図等、できるだけ多くの資料を用いて確認することが望ましい。

〔参照〕☞対象不動産の特定方法(22頁)

(2)境界の確認

　境界杭や境界上のブロック塀、柵や生垣の位置等より確認する。隣地との境界は紛争が生じやすいので注意しなくてはならない。不明の場合は対象地や隣接地の所有者等よりヒアリングして確認。建物の一部や木竹の枝、クーラーの室外機や雨樋等の越境物も紛争の原因となるため慎重に検分する必要がある。

(3)占有者の確認

　対象不動産の所有者以外の占有者の有無を確認する。聞き取りや賃貸借契約書等で確認した占有状況と相違する場合は権原や事情

を確認。

(4)道路について

　対象不動産が接する道路の実際の幅員を調べる。特に4m以上か未満かに注意すること。また対象土地が道路に2m以上接しているかどうかを必ず見ておくこと。直径2mの球体を転がして出入りできる状態でなければならない。道路境界杭の位置やデザイン・矢印の向きを記録しておくとよい。

　道路沿いに立ち並ぶ建物のうち、一部の建物の敷地と道路との境が後退していること等からセットバックが推察できる場合もある。

　〔参照〕☞道路に関する調査(24頁)

(5)河川・水路について

　河川は河川法の規制を意識して調査する。土手やその付近にある道路や堤防と対象不動産との距離等に注意すること。また、公図上に水路がある場合にはその位置や現況を確認する。道路と同様に舗装されている場合もあり、見落しがちなので要注意。

(6)航路について

　空港・基地周辺の物件は上空を注意深く観察し、飛行機の飛んでいる方向や周辺建物の高さを調べておいて、航空法等による規制の状況と照合する。

(7)高圧線・電柱について

　対象不動産の上空に高圧線があるかどうか注意する。電力会社への照会のために鉄塔の番号を記録しておくとよい。また敷地内に電柱・支線があるか否かも確認する。この場合も電柱番号を記録しておく。

(8)その他

　崖地・海岸・港湾・砂地・法面・鉄道(地下鉄を含む)・高架橋等は不動産利用にあたり規制がある場合があるので注意する。

2. 付近の環境に関する調査

　環境は対象物件の経済価値を左右するので、物件だけでなく地域についても調査をすることが必要である。

(1)交通の利便性(駅からの距離・バスの本数)

(2)利便施設等の有無(商店・病院・学校等)

(3)嫌悪施設(ゴミ処理施設、火葬場等)の有無等

⑩ 役所調査のポイント

　不動産は、法令上その使用収益に関して様々な制限や規制を受けている。そのため、現地調査だけでは分からない法令等による制限を、役所等への照会、図書の閲覧等により、明らかにする必要がある。この場合、各項目により役所の担当窓口が異なるので、対象不動産およびその近隣の状況について法令上制限を受けそうな事項を事前に整理、把握し、役所において効率よくかつ調査事項の見落としのないようにしなければならない。

1. 都市計画法に関する調査

・調査機関……市区町村の役所の都市計画課等

　対象不動産の用途地域、建ぺい率、容積率、日影規制、都市計画施設(都市計画道路等)、高度地区、防火・準防火地域、地域・地区指定の有無等は、各自治体のホームページの地理情報システムまたは掲載されている「都市計画図」(役所等の窓口でも販売されている)等で事前の調査を行った上で、都市計画課等の窓口で確認をとる。

　なお、地区計画等のある場合は、建ぺい率、容積率等が別に定められることがあるので、内容について調査する。また、都市計画図には載っていない規制、特に、自治体の条例による規制強化や、逆に特定街区や総合設計制度等による容積率の割増等の規制緩和がありうるので、担当者にその他の規制の有無についても確認をとる。

　対象不動産自体に都市計画道路がかかっていたり、100m以内に存する場合には、計画幅員、計画決定年月日、計画名称、計画線の位置、事業認可決定年月日、公有地拡大推進法に係る届出の要否等、詳細事項についても調査する。

　〔参照〕☞都市計画法・建築基準法に関する調査(26頁)

　ここでは、開発指導要綱をはじめとする各種資料、パンフレット等をできる限り収集する。

2. 道路調査

(1)道路法上の調査

・調査機関……市区町村の役所の道路管理課、道路調査課、土木管理課、都道府県の土木事務所等

　対象不動産が接面する道路について、接道義務を満たしているか否かを確認するとともに、種類、公道・私道の別、路線名、路線番号、道路幅員、官民境界確定の有無等を調査する。接面道路が公道である場合は、国道であれば国道事務所等、都道府県道であれば建設事務所等、市道、区道であれば対象不動産が存する市、区役所等というように、道路の種類により管轄が異なるので、各管轄の担当窓口において調査することになる。なお、道路幅員については、現況幅員と認定幅員の双方を聴取し、大差がないか確認する。

　ここでは、道路台帳、査定図、道路境界図等の閲覧および写しの交付が受けられる。

(2)建築基準法上の調査

　・調査機関……市区町村の役所の建築指導課、建築課等

　対象不動産が接面する道路の建築基準法上の取扱い（道路の種別）について確認する。

　対象不動産の接面道路が位置指定道路である場合には、「道路

〈セットバックが必要な範囲〉

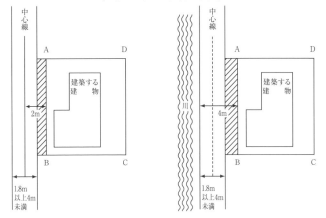

位置指定図」の閲覧を申請し、道路幅員、道路延長、位置指定番号、指定年月日を確認する。

また、接面道路が2項道路である場合には、セットバック済・未済の確認、セットバックの基準となる道路中心線の位置等を確認する。

接面道路幅員によっては容積率の制限がかかるが、この場合でも対象地が特定道路に接続していれば容積率の緩和を受けられる可能性もあるので、特定道路の有無についても注意して確認する。

・特定道路による容積率の緩和 ・・・・・・ 対象地の前面道路幅員が6m以上12m未満で、幅員15m以上の「特定道路」に70m以内の距離で接続する場合、容積率の緩和が受けられる。

また、対象地の状況に応じて、路地状敷地の制限の有無等も確認する。

〔参照〕☞道路に関する調査(24頁)、都市計画法・建築基準法に関する調査(26頁)

ここでは、道路位置指定図、建築計画概要書の閲覧および交付も受けられる。

3. その他調査

(1)開発許可等の調査

・調査機関……開発指導課等

ここでは、開発許可を要する場合における開発登録簿の閲覧および写しの交付が受けられる。

都市計画法の開発行為についての規制や開発許可取得の有無を調査。このほか、街づくり条例や宅地開発指導要綱等をはじめとする各自治体の定める要綱、条例等の有無および条例、要綱等で公共公益施設に関する事項が定められる場合には負担金や用地提供等に関する事項を調査する。

(2)ハザードマップの調査

・調査機関……都市計画課等

対象不動産の存する地域について、どのような自然災害が想定されているか担当窓口で確認する。特に低地や近隣に河川(暗渠を含む)のある場合は、浸水履歴の確認を行う。

⑶埋蔵文化財の調査

・調査機関……教育委員会(生涯学習課)等

　対象不動産の存する地域が埋蔵文化財の包蔵地に該当するかどうか担当窓口で確認する。なお、埋蔵文化財包蔵地であるかについては、FAX での照会が可能な場合もある。

4. その他

・調査機関……統計課、情報コーナー等

　対象不動産の存する市、区の月単位の人口について最新の人口およびその前年度の人口を聴き、人口動向、地域の特性について調査する。

5. 役所等における各調査事項の担当窓口

　主な調査項目の担当窓口については、下表のとおりである。

　なお、下表は一例であり各自治体ごとに、名称や担当部署が異なっているので確認を要する。

都市計画課	用途地域 (建ぺい率・容積率)、特別用途地区、地区計画、都市計画施設、市街地開発事業等の調査、国土法 (事前届・事後届)、公拡法に関する規制、ハザードマップ
開発指導課	開発許可、開発指導要綱
道路管理課	公道・私道の別、路線番号、道路幅員の調査
建築指導課	道路の建築基準法上の扱い、セットバック、位置指定道路、建築線の位置、建築計画概要書 宅造法に関する規制
教育委員会 (生涯学習課)	埋蔵文化財包蔵地の調査

⑪ 登記所調査のポイント

　登記事項証明書、公図、建物図面、地積測量図等の調査については登記所(法務局、地方法務局、支局および出張所)において行う。

1. 法務局での調査方法
(1)登記事項証明書(登記事項要約書)の交付申請方法
・登記事項証明書……登記記録に記載されている事項の全部または一部を証明した書面。また、登記事項要約書は、登記事項の概要を記載した書面である。

　登記事項は公示が義務付けられており手数料を払えば、誰でも登記事項証明書(登記事項要約書)の交付を受けることができる。登記記録はコンピューター化されているので、どこの登記所でも全国の登記事項証明書等を取得できる。手数料は不動産一筆等につき、所定の額を収入印紙の貼付により納める。

　登記事項証明書(登記事項要約書)の交付申請は、備え付けの各申請書に土地の地番、家屋番号など必要事項を記載の上申請する。このとき記入する登記簿上の土地、建物の地番、家屋番号は、いわゆる住居表示とは異なるので確認が必要。なお、事前に利用者登録をすることにより、インターネット上で登記情報を確認することや、出力することもできる。ただし、インターネット申請で出力した登記情報には証明力はないので、証明力が必要な場合には、登記所で登記事項証明書を取得するか、登記事項証明書の郵送を請求することになる。

　また、コンピュータ化または合併、滅失によって閉鎖された登記簿や対象不動産が信託されている場合の信託目録、財団の財団目録等についても閲覧、謄本・抄本交付を申請することができる(閉鎖登記簿の申請は、対象不動産を管轄する登記所のみで行え、インターネットでの確認は行えないので注意が必要)。

　〔参照〕☞対象不動産の特定方法(22頁)、財団とは(172頁)

⑵公図の写し・閲覧申請方法

・公図……不動産登記法第14条の規定で登記所に備え付けることとされている「地図」が備え付けられるまでの間、これに代わって登記所に備え付けることとされている地図に準ずる図面。

　所定事項を記載した申請書によって申請し、閲覧または写しの交付を請求する。登記記録と同様にインターネットでの確認も可能。

⑶地積測量図、建物図面の写し・閲覧申請方法

　申請方法は公図と同様であるが、これらの図面はない場合もある。

　地積測量図では、方位、対象地地番、地積等を、建物図面では、主たる建物または附属建物の別、方位、建物の位置や形状等を確認し、対象不動産の実際の形状、地積等との差異をチェックする。

　〔参照〕☞公図・地積測量図・建物図面に関する調査(48頁)

2. 登記簿の見方

⑴表題部欄

　表題部では、まず目的物件が登記されているか、特に建物については、所在地番や構造、床面積と現況とに相違がないかに注意し、確認する。次に、番号順に原因およびその日付を記載する欄があるので、各記載事項の変更の有無等を確認する。なお、区分所有建物の場合、一棟の建物の表題部と各区分された部分 (専有部分) の表題部があるため、双方を確認する。

⑵甲区欄

　甲区では一般的に最後の欄に表示されるのが現在の登記簿上の所有者となるが、仮登記や差押の登記がなされると権利関係が異なってくるので各事項の抹消の有無およびその詳細事項について確認する。なお、建物または附属建物が区分建物である場合において敷地権との登記がある場合それは区分所有者の有する専有部分と分離して処分できない敷地利用権であることを示すものである。

⑶乙区欄

　乙区では、まず抵当権の有無および順位、債権額等を確認する。また、地上権、地役権、賃借権等の登記がある場合、各事項の抹消の有無について確認する。なお、共同担保がある場合は、必要に応じ共同担保目録も確認する。

12 供給処理施設調査のポイント

供給処理施設の調査場所、方法は次のとおり。なお、担当部署名等は自治体によって異なる場合がある。

〔参照〕☞その他の調査必要法令と供給処理施設に関する調査(38頁)

1. 上水(飲用水)調査手順

各自治体の上水道課(水道局営業所等)で台帳(水道管管理図)を調べる。台帳等から対象不動産の前面道路の本管の埋設位置・管径・各敷地への引込み管の位置・管径が分かる。自治体によってはホームページ上で調査が可能。

敷地内の配管状況を詳しく知る必要がある場合には、配管図、水道工事竣工図等の抄本を入手する(通常、委任状が必要)。対象不動産以外への引込み管が敷地の地中を通過、または対象不動産への引込み管が他人の土地を通過していることが判明したときにはその土地の所有者との契約関係を聞き取り調査や契約書等の調査によって把握しておくべきである。

(1)負担金について

地域に水道管を敷設するとき工事費用を自治体と住民の双方が負担している場合がある。また、水道事業者から水道利用加入金の負担を求められる場合もある。水道利用加入金は給水管の口径を既存のものより大きくすると金額が上がるので注意する。

(2)前面道路が私道の場合

私道内の水道管には分担金が発生する場合がある。また、私道所有者が水道管を共有している場合、この共有管の利用や掘り起こしには共有者の承諾が必要になることもあるので確認が必要。

(3)井戸の場合

その位置や使用状況・水量・水質について調査する。

2. 下水

公共下水(直接放流)か浄化槽か汲み取り式か等を調べる。

上水同様にインターネットで調査可能な場合が多い。

(1)本下水の場合

　上水同様、前面道路に下水道管が埋設されているかを調べる。

　各自治体の下水道担当部署で下水道管の埋設状況や各敷地内の支管との接続位置を確認する。下水は分流式(生活排水と雨水が別の管で流される)と合流式(両者が一つの管で流される)があり、それらについても同様に調査する。ただし、合流式であっても雨水の流入を規制している場合(雨水流出抑制施設の設置義務化等)があるので注意が必要である。また、下水についても、負担金が生じている可能性があり、下水道管をこれから敷設しようとする地域等では負担金の問題に注意しなければならない。

(2)浄化槽の場合

　位置・処理能力や放流先(公共下水・河川・側溝等)・合併槽か否かなどを所有者からの聞き取りや建築確認申請書、行政への届出書類等から調査する。また、放流先の河川等に水利組合が存在する場合、組合の承諾の要否や費用の発生についても確認する。

(3)汲み取りの場合

　浄化槽の設置が義務づけられている地域か否かを調査する。

3. ガス

(1)都市ガスの場合

　ガス会社(公営事業者の場合には市町村)でガス管の引込み経路について調査する。前面道路下に埋設された本管の位置・管径と対象不動産や隣地への引込み管の位置・管径等を確認する。ガス会社によってはインターネットまたはFAXで照会できる。

　ガス管も、引込み管が他人の所有者の地中を通している場合や隣地所有者との費用負担の問題など、権利や費用の面で複雑な場合もあり、覚え書きの有無等についても要注意。

(2)プロパンの場合

　現地で集中プロパンか個別プロパンか等を調査する。

4. 電気

現地で電気の取込方法(高架か地中引込か)や電力等を調べる。

13 市街化調整区域とは

市街化調整区域と市街化区域の違いは以下のとおり。

・**市街化区域**……すでに市街地を形成している区域およびおおむね10年以内に優先的かつ計画的に市街化を図るべき区域

・**市街化調整区域**……市街化を抑制する区域。市街化区域と比べて、開発等行えるものが限定され、建築や開発が制限されている。都市計画法43条により、開発許可がなければ、原則建築はできない。

1. 開発許可を受けずに開発できる開発行為(都市計画法29条)

市街化調整区域で開発許可を受けずに開発できる開発行為は、

①農業、林業もしくは漁業の用に供する一定の建築物またはこれらの業務を営む者の居住の用に供する建築物の建築の用に供する目的で行うもの

②駅舎その他鉄道の施設、図書館、公民館、変電所その他これらに類する公益上必要な建築物のうち開発区域およびその周辺の地域における適正かつ合理的な土地利用および環境の保全を図る上で支障がないものとして定められた一定の建築物の建築の用に供する目的で行うもの

などに限られる。

2. 許可可能な開発行為(都市計画法34条)

開発行為にかかる建築物等が次に例示するもの等に該当しないときは許可されない。

①日用品販売店舗等

②鉱物、観光その他の資源の有効利用上必要な建築物等

③温度、湿度、空気等について特別の条件を必要とする建築物等

④農林漁業用施設および農林水産物の処理、貯蔵および加工に必要な建築物

⑤特定農山村地域における農林業等の活性化のための基盤整備の促

進に関する法律の促進計画に定める利用目的に従い行うもの

⑥都道府県が国等と一体となって助成する中小企業共同化施設

⑦既存工場と密接な関連を有する工場等

⑧危険物の貯蔵または処理施設

⑨これらのほか、市街化区域内で建築・建設することが困難または不適当なものとして定められた一定の建築物等

⑩地区計画または集落地区計画の区域内で、当該地区計画または集落地区計画に定められた内容に適合する建築物等

⑪市街化区域に隣接し、または近接し、かつ、自然的社会的諸条件から市街化区域と一体的な日常生活圏を構成していると認められる地域であっておおむね50以上の建築物が連たんしている地域のうち、一定の基準に従って、都道府県等の条例で指定する土地の区域内で行うもの

⑫政令で定める基準に従い、条例で区域、目的または予定建築物の用途を限り定められたもの

⑬区域区分に関する都市計画の決定または変更の際、居住用や業務用を目的としていた土地に、一定期間内に建設する当該目的の建築物等

⑭都道府県知事が、開発審査会の議を経て、市街化区域では困難または著しく不適当と認めるもの

3. 開発許可制度

　市街化調整区域における相当規模の開発行為に対する開発許可は、地区計画等に定められた内容に適合する場合に許可できる基準による。従って、地区計画の決定または変更に関する都市計画の手続を通じて開発の可否を判断することとなる。

14 土地区画整理事業とは

　土地区画整理事業は、市街地再開発事業等と並ぶ市街地開発事業の一つでもある。以下では、土地区画整理事業の概要について述べる。

1. 土地区画整理事業とは

　土地区画整理事業(以下「事業」という)とは、都市計画区域内の土地について、公共施設の整備改善および宅地の利用の増進を図るため、土地区画整理法で定めるところに従って行われる土地の区画形質の変更および公共施設の新設または変更に関する事業のことである。減歩と換地という手法で行われるのが特徴。

(1)土地区画整理のイメージ図
「事業」を行うことで、道路の新設、拡幅や公園等の公共施設の配置により良好な都市環境を作ることができる。

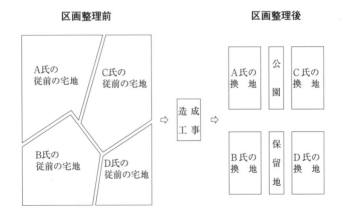

(2)「事業」の施行者

「事業」の施行者には、①個人施行者、②土地区画整理組合、③区画整理会社、④都道府県および市町村、⑤国土交通大臣、⑥独立行政法人都市再生機構、⑦地方住宅供給公社がなることができる。

(3)「事業」において頻繁に使われる用語

・減歩（げんぶ）……「事業」において、道路・公園等の公共用地にあてるため、あるいは売却して事業資金に充てるため土地の買収や収用を行わず、地権者から一定の割合で土地を提供してもらうこと。

・換地（かんち）……区画整理前の宅地に代わって、交付される整理後の宅地。換地計画において換地を定める場合には、換地および従前の宅地の位置、地積等が照応するように定めなければならない。区画整理前の宅地の権利関係が、換地処分により換地に移行する。

・換地計画（かんちけいかく）……換地処分を行うため、定められる計画。換地の位置や形状、筆や権利毎の清算金明細、保留地その他特別の定めをする土地の明細等を定めなければならない。

・換地処分（かんちしょぶん）……換地処分により、整理前の宅地上の権利が換地上に移行する。換地処分は、関係権利者に換地計画において定められた関係事項を通知してするものとされている。

・仮換地（かりかんち）……整理前の宅地の所有者が仮に使用収益できるよう指定された土地。仮換地は、一般にそのまま換地となる予定の土地として指定されるケースが多い。

・保留地（ほりゅうち）……処分による事業費への充当等、一定の目的のため、換地として定められない一定の土地。

・清算金（せいさんきん）……換地の交付、あるいは不交付により不均衡を生じた場合には、金銭による清算が原則とされており、その際の金銭を清算金と呼ぶ。

2. 土地区画整理事業の流れ

「事業」は以下の流れで施行される。

1. 事業計画等の作成

↓

2. 事業計画等の認可等の公告

↓

3. 換地計画の作成・認可

↓

4. 仮換地の指定

↓

5. 換地処分の公告

3. 換地処分の効果

換地処分を行った場合、都道府県知事に届け出ることとされており、都道府県知事(または国土交通大臣)は換地処分があった旨の公告を行う。換地処分の効果は公告の翌日から発生し、その効果としては以下のようなものが挙げられる。

・換地は従前の宅地とみなされる
・換地を定めなかった従前の宅地上の権利が消滅する
・行使する利益がなくなった地役権が消滅する
・清算金が確定する
・施行者が保留地を取得する
・公共施設は原則として市町村の管理に属する

4. 事業地内での制限

「事業」の許認可等の公告から換地処分の公告のある日まで、施行区域内において、事業の施行の障害となる土地の形質の変更、建築物または工作物の新築・増築・改築、および移動の容易でない物件の設置または堆積を行おうする者は、都道府県知事(または国土交通大臣)の許可を受けなければならない。

従前の宅地について権原に基づき使用しまたは収益することができる者は、仮換地指定効力発生の日から換地処分の公告がある日まで、仮換地を使用し収益することができる。

第3章

不動産を貸すとき・借りるときのポイント

① 不動産を貸す場合の手順とチェックポイント

　所有不動産を賃貸する場合の手順は、概ね以下のとおりである。

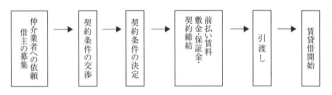

1. 借主の募集—仲介業者への依頼

　仲介業者を利用する場合、契約締結まで至ったときは仲介の手数料が必要となるが、それは貸主、借主から合わせて土地または建物の賃料の1ヵ月分（原則、当事者一方からは1ヵ月分の1／2）が上限となっている。その他、広告宣伝費、企画料などの名目の料金を請求される場合があり、仲介を依頼する場合には確認を要する。

2. 契約条件の交渉・決定

(1)最低限交渉すべき点

①賃料の額、支払方法……契約書において、特約で当月末に翌月分を支払う形にするのが一般的である。

②契約期間……土地の賃貸借で普通借地権の場合は通常30年以上となるが、定期借地権では一定の範囲内で期間設定できる。建物の場合は特に制限はないが、定期借家を除いて1年未満の場合は「期間の定めのないもの」と見なされる。

③敷金等の授受……敷金、礼金、権利金等について、授受の目的、返還の有無、その方法。

④引き渡しの時期

⑤契約の解除原因……判例では、信頼関係が破壊される程度の事象があった場合に解除権が発生するという考え方である。

⑥修繕費の負担……通常、微細な小修繕（例えば、電球の取り替え等）は賃借人、その他の修繕は賃貸人の負担とする場合が多い。

⑦原状回復費用の負担　〔参照〕☞借家の契約更新・契約終了(84頁)

⑧その他……借地借家法の一定の規定に反する次のような特約は「無効」な特約となる場合があり、注意が必要である。

無効な特約の例

・貸主の要求があれば、借主が即座に明け渡す旨の特約

・貸主からの解約申入期間(建物の場合は最低6ヵ月) を短縮する旨の特約

有効な特約の例

・貸室の無断模様替え、無断増改築等を禁止する旨の特約

・造作買取請求権を排除する旨の特約

⑵貸し方について

　不動産を貸す方法としては「定期借地」「定期借家」「オーダーリース」「サブリース方式」などの方法があり適宜選択する。

　貸す不動産については、賃貸借契約の目的を阻害するような不具合や修繕を要する箇所がないかをチェックする。

　〔参照〕☞不動産に関する権利…物権(10頁) マスターリースとサブリース(76頁)

⑶テナントについて

　借主については次の点について注意が必要である。

①本人の行為能力(未成年者等)

②使用方法・使用人数・使用期間・業種

③賃料支払い能力・保証人の有無

3. 契約書の作成・締結

　契約書に交渉の経緯や結果が正しく反映されているか確認する。

4. 引渡し

　引渡しの前提として、引渡し前に敷金等の一時金や前払い家賃を受け取る約定がある時は、それが納入されているか確認する。

　引渡しの際の手順としては、現地において土地の場合は境界確認、建物の場合は附帯設備等の取扱いを実際の操作と共に説明した後に、鍵を引き渡すという手順が一般的である。また、これと同時に、後日の敷金清算トラブル発生の防止のため、現況 (きず、汚れの有無等) を写真等で記録しておくことが望ましい。

② 不動産を借りる場合の手順とチェックポイント

土地や建物を賃借する場合の手順は、概ね以下のとおりである。

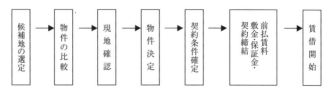

候補地の選定 → 物件の比較 → 現地確認 → 物件決定 → 契約条件確定 → 契約締結 敷金・保証金・前払賃料 → 賃借開始

1. 土地を借りるとき

土地を借りる場合の注意点は以下のとおりである。

(1)物件の決定

物件の絞り込みは、

①予算(賃料の他に契約時に支払う敷金、権利金等も考慮する)

②利用目的・借地期間・建築物の種類(堅固・非堅固)

③場所(利用目的を阻害する規制等がないか確認する)

などの項目をチェックして行う。また、上下水道管、ガス管の埋設状況や抵当権、地役権等の設定の有無などを確認する。

(2)契約条件

利用目的により、借地上に建物を所有しない場合（例えば単なる資材置場）は民法、建物を所有する場合は借地借家法、と適用される法律が異なる。両者では、契約期間（民法は最長50年、借地借家法では最短30年）や解約の申し入れ（借地借家法では貸主からの解約には「正当な事由」を要求される）などで、条件が大きく異なる。また、定期借地権では契約年数が50年以上の「一般定期借地権」や、利用目的が事業用のものであれば契約年数が10年以上50年未満の「事業用借地権」の利用が可能である。

(3)申込証拠金等の扱い

仲介業者を利用した場合には、賃借申し込みの際に申込証拠金を要求される場合があるが、証拠金を支払った場合でも契約が確定したわけではなく、契約が成立しなかった場合には原則として返

還されるべき金銭であることに注意が必要である。

2. 建物を借りるとき

建物を借りる場合の注意点は以下のとおりである。

(1)現地確認におけるチェックポイント

①建物の内装、外装、傷み具合(引渡し時にチェックリストや写真
を利用するなどして現況を記録し、同時にオーナーに契約終了時
の原状回復義務の内容と程度について確認する)

②他のテナントの属性(反社会的勢力、建物の品位を落とすようなテ
ナントがいないかどうか)

③情報インフラの整備状況、電気容量、空調設備、天井高

④セキュリティ、深夜時の周辺の状況

⑤エレベーターの台数、その混み具合

⑥交通機関、役所その他利便施設、嫌悪施設との接近状況等

⑦規約、利用細則(利用可能時間や入居可能業種が限定されている
場合もある)、駐車場の有無

⑧建物管理の状況(管理業者の優劣は、建物利用中の使い勝手の
優劣となって現れる場合が多い)

(2)契約条件

建物の場合は、通常、「普通借家権」と「定期借家権」の2つに分
かれる。「定期借家権」の場合は、契約期間に特段制限はなく、再
契約も可能だが、契約更新は不可能である。また、住宅の場合で
転勤等のやむを得ない事情がある場合以外は、原則として中途解
約は不可能となる。また、飲食店やスーパーといった沿道サービス
業などでは借主が建設協力金を提供して貸主に建物を建ててもら
い、それを賃借するオーダーリース方式が主流となっている。

〔参照〕☞オーダーリース方式と定期借地方式(82頁)

(3)建物の権利関係

建物の権利関係は登記簿を閲覧して確認する。土地と建物の所
有者が異なる場合は、建物のオーナーに土地の利用権原の有無を
確認する。また、貸主の信用状況が悪化している場合は、将来、
建物が競売物件になる可能性や保証金の返還に不安を生ずること
になるので注意する必要がある。

③ 一時金とは

「一時金」とは不動産の賃貸借等、用益権の新規設定時ならびに継続時に、借主から貸主に対して一時に交付される金銭等をいう。

一時金は民法等でその存在は前提とされているものの、必ずしも法的性格は定められていない。判例や実務上の取扱い等に基づくと、一般的には次のように分類される。

①預かり金的性格を有するもの
②賃料の前払い的性格を有するもの
③権利に譲渡的性格を付するもの

1. 預かり金的性格を有する一時金

賃貸借契約締結時に借主から貸主に交付され、原則として契約期間が満了し明渡しを完了した時点で借主に返還されるもので、その性格に応じてさらに下記のように区分される。なお、契約によって「敷引き」「保証金償却」等の名称でその一部を返還しない例も見受けられる。

(1) 敷金

賃貸借契約によって賃貸人に生じる一切の債権を担保する役割を持つ。賃借人に賃料不払い等があった場合には、その額を控除した残額が借主に返還される。また、賃貸借の目的となっている不動産が譲渡され、賃貸人の地位が承継された場合は、当然に新賃貸人が敷金返還の義務を負うとする判例の内容が改正民法第605条の2第4項において明文化された。

(2) 保証金

賃貸借契約において定められた契約期間中の中途解約を抑制する役割を持つ。保証金が授受される場合には、「賃借人の都合で契約期間の中途に解約する場合には保証金の全部または一部を借主に返還しない」旨を契約書面に記載することが多い。

(3) 建設協力金

賃貸借の対象となる建物等の建設資金の立て替えという金融的

側面を持ち、経年により償却される場合もある。判例では、賃貸借が終了した場合や賃貸人の地位が第三者に承継された場合には、賃貸人は建設協力金を返還すべき義務があるとされている。

2. 賃料の前払い的性格を有する一時金

敷金と同様、賃貸借契約締結時に借主から貸主に交付されるが、原則として契約期間が満了しても借主に返還されず、契約期間を通じて貸主によって償却される。一般に「権利金」や「礼金」と呼ばれる。

なお、判例等ではこの種類の一時金は賃料の前払いという性格に加え、下記のような性格を含んでいる場合があるとされている。

①借地権等の設定（変更）により、対象となる不動産の使用収益の一部が制約されることへの対価としての性格。権利金のほか、条件変更承諾料等が該当する。

②借地権等の設定に際し、他者を排して独占的に使用収益することへの対価としての性格。

3. 権利に譲渡的性格を付する一時金

賃借権等の譲渡・転貸に際し、借主から貸主に交付される。譲渡・転貸の承諾を得るための手数料的な側面が強いとされている。名義書換料や譲渡承諾料等と呼ばれる。

4. その他

上記以外の一時金の例として「更新料」がある。更新料は、①従前賃料の不足分の精算、②賃料の前払い、③貸主の完全所有権復帰が延期となることに対する補償、などの性質が複合的に組み合わさっていると解されるが、必ずしも明確な目的がなく、慣行的に授受されている側面も見受けられる。

以上のように、一時金には様々な種類、名称があり、その内容や性格も契約の目的や各地の慣習、対象とする不動産の用途等により異なる。したがって、一時金の性質や効力を判断する場合には、その名称の如何を問わず、一時金の額、契約条件、契約締結の経緯、社会的慣行等を考慮して個別に判断する必要がある。

④ 権利金の授受のない借地権

1. 土地貸借に係る当事者の意向

親会社が子会社や関係会社に所有土地を貸したり、同族法人が役員に所有地を貸して住宅用として使用させたりすることがある。

このような場合、土地は貸すものの借地権設定に係る権利金の授受は経済的にしたくない、あるいは公租公課も考慮しつつ子会社の採算に見合う程度の賃料設定としたい等の意向は往々にしてある。

このような特殊な関係にある当事者が土地の貸借関係を持つことは、法律的にはあまり問題となることはない（親会社の意向で借地関係が終了する際に立退料を要求したり、親会社に無断で借地権が譲渡されたりすることは通常考えられない）と考えられるが、税務上は注意が必要である。

2. 権利金の授受なしで設定できる借地権

借地権の設定等に係る権利金を授受する慣行のある地域（東京・大阪等の都市圏が中心）において、法人が所有する土地を借地権の設定等に係る権利金の授受なしに他人に使用させた場合には、実際に金銭の授受がなくても権利金の授受があったものとして課税される(認定課税)。

そこで、前述のような特殊な関係にある当事者間の土地の貸借関係に配慮して「相当地代方式」による借地権設定と「無償返還方式」による借地権設定の場合は一定の要件を満たすかぎり税法上課税の対象外とした。

なお、貸主が個人の場合、個人は必ずしも営利目的とするものではないとの観点から権利金について認定課税されない。

(1)相当地代方式による借地権設定

通常収受すべき権利金の授受に代えて、その土地の価格に照らして相当の地代を収受しているときは、その取引は正常な取引として権利金の認定課税は行わない。

①土地の更地価格の概ね6%相当の地代を授受する

　　土地の更地価格については通常取引される価格すなわち時価であるが、課税上支障がない（※）限り、近傍類似の公示価格等から合理的に算定した価格または相続税路線価もしくはその過去3年間の平均価格によることができる。

（※）時価で購入した土地を当該価格より低い相続税路線価を基準に地代を設定すると当事者の一方を利することになり課税上支障があるとされる。

②地代の改定方法について決める。

　　地代の改定については、ⓐ土地の価格の変動に応じ概ね3年毎に改定する、ⓑⓐ以外の方法（随意の改定や据置き等）のいずれかの方法を選択し、所轄税務署に届け出る。なお、届出をしないときは、ⓑを選択したものとして扱われる。

(2)無償返還方式による借地権設定

　権利金等を全く収受しないで借地権の設定を行い、かつ相当の地代も収受しない場合でも、当事者が契約終了時に無償で土地を返還する旨を契約書に記載をするとともに、「土地の無償返還に関する届出書」を所轄税務署に提出したときは、権利金の認定課税に代え、契約期間中、相当の地代と実際支払っている地代との差額について地代の認定課税がなされる。

　なお、前記(1)②のⓑの地代改定方法を選択した場合で、相当の地代に満たない地代を支払っているときも同様である。

(3)借地権の返還

　借地契約が終了した場合、相当の地代が維持されている借地、土地の無償返還に関する届出がなされている借地が返還されるときは、借地権の借り得部分が発生しておらず、借地権を無償で返還することに課税上問題はないとされている。

　一方、相当の地代と実際支払っている地代とに差額が生じているときは借地権の借り得部分が発生していることになり借地権を無償で返還することには課税上問題が生じる。

5 マスターリースとサブリース

　一般的に「サブリース方式」と呼ばれている賃貸方式は、厳密には次の「マスターリース」と「サブリース」を組み合わせた方式をいう。

・マスターリース……賃貸人と賃借人の間で建物を一括借上する賃貸借契約
・サブリース……賃借人と第三者(入居者)との間で個別に結ばれる賃貸借契約、すなわち転貸借契約

　＜マスターリースとサブリースを使った仕組みの関係者＞
・賃貸人……建物(ビル、マンション、アパート等)のオーナー
・賃借人……主に建物の管理会社で、一括借上する主体
・第三者……一般の入居者

1. マスターリースとサブリース

　マスターリースとサブリースを組み合わせることによって、オーナーが直接の賃貸借契約を結ぶ相手は管理会社一社のみとなる。契約内容により多少の違いはあるが、一般にはオーナーと管理会社との間で賃料の最低保証や建物管理の契約が交わされる。オーナーの収入となる家賃は、地域や建物の状態などによるが、およそ一般の入居者が支払う賃料総額の80〜90%程度で、入居者が支払う敷金は管理会社が全額預かり、礼金や更新料は管理会社の収入になることが多い。このようにして、オーナーは建物管理や入居者募集などの建物賃貸借にかかるリスクを切り離すことができる。

＜マスターリースとサブリースのしくみ＞

① マスターリース契約による一括借上
　(建物、入居者の管理・運営)
② サブリース(転貸借)契約
③ 入居者が支払う賃料(エンド賃料)
④ 一括借上賃料

2. サブリース方式のメリット

(1)一定の家賃収入の確保(最低賃料の保証)

建物の賃貸経営の最大のリスクは空室の発生である。オーナー自らが管理・運営する方法、あるいは日常管理委託の方法(管理だけを管理会社に委託する方法)では空室が発生すれば、その期間は無収入期間となり賃料収入が減少する。

しかしサブリース方式であれば、オーナーは空室が発生した場合でも毎月決まった賃料収入が確保できる。

(2)入居募集・契約

入居者との契約は管理会社が行うため、オーナーがかかわる必要がなく、入居者の新規募集や空室が発生した場合の補充入居募集も管理会社が行う。この際、入居者の審査等も管理会社が行う場合がほとんどである。

(3)家賃の集金・滞納明渡交渉

毎月の集金も管理会社が行う。またサブリース契約は入居者から入金があってからオーナーに家賃(マスターリース賃料)が支払われるのではなく、まず一括して管理会社から一定の家賃(マスターリース賃料)が支払われる仕組みをとっている。したがって滞納のリスクは管理会社が負い、督促や明渡請求およびこれにかかる費用もすべて管理会社によって負担されるのでオーナーはリスクを回避することができ、収入計画も立てやすい。

(4)退去時の立会い

退去時の敷金の清算は損傷個所の評価や補修の責任をめぐって退出者との間でトラブルが起こるケースが多い。サブリース契約では、管理会社が立会って点検や補修の見積等を作成し、管理会社の責任で清算をするので、オーナーはこの点でも直接関与せずに済む。

ただし、建物の修繕費や入居者入れ替えに伴うリフォーム費用などは管理会社からオーナーに請求される。

(5)苦情・トラブルの処理

サブリース方式の場合には、入居者は管理会社から部屋を借りることになるので、入居者同士や近隣との間でのトラブルが発生した場合にも管理会社が対応する。この結果、オーナーは入居者との距離を置くことができ、良好な関係が保たれる。

3. サブリース方式の注意点

(1)マスターリース賃料の変更や中途解約

サブリース方式では、上記のような空室リスクを除外できるなどのメリットがあるが、注意しなければならない点もある。サブリース事業者から「30年家賃保証」をすると言われ、安定した賃料収入が見込めると思ってサブリース方式を導入しても、マスターリース契約の中で、2年ごとに賃料の見直しをするといった規定や、入居率の悪化や経済環境の変化で家賃相場が下落した場合に賃料を減額できるような規定になっていると、保証賃料が減額され、想定していた賃料を受け取れない場合がある。

また、賃料支払免責期間があると、入居率にかかわらず、オーナー側には開始後一定期間は家賃収入が入ってこない。その他にも、サブリース事業者から解約することができる旨の規定がある場合には、中途解約される可能性も出てくる。

(2)借地借家法で保護されるサブリース事業者

借地借家法は借主側の保護に重点を置いており、サブリース事業者も借主として保護される。そのため、オーナー側から契約を解除しようと思っても、相応の理由を示さないと解約が認められないことがある。

(3)コストの想定

入居者入れ替えに伴うリフォーム費用、建物や設備の修繕費用、固定資産税はオーナーの費用負担となる。事前にサブリース業者から十分な説明を受け、想定しておく必要がある。

(4)サブリース事業者の倒産リスク

サブリース事業者が倒産した場合には、事業者に入金された敷金や賃料は戻ってこないリスクがある。特に、オーナーが入居者からの敷金返還債務を、マスターリース事業者と併存的に負っている場合には、オーナー自身が入居者に敷金を返還しなければならなくなる。

6 遊休地の有効利用検討時の留意点

　不動産の有効利用を検討する場合には、まずその土地の利用方法および事業化の方式を検討し、それが地権者のニーズに即しているものかを確認し、方向性を決定する必要がある。

1. 土地利用方法の検討

　まず、役所調査を通じて対象土地に法令上どのような用途・規模の建物が建設可能か、次に、市場調査を通じて対象土地にどのようなテナントが誘致可能かを判断、確認する。

　建物の用途は、①収益性（賃料水準、建設費等）②リスク（建物の汎用性、入居テナントの安定性等）、③管理の容易さ等の観点から選択する。個別用途の長所・短所は次ページの表を参照のこと。

2. 事業方式の検討

　以下のような事業手法があり、採用可能なものを検討する。

〈事業手法のメニュー〉

事業手法	概要	ポイント
1. 建物賃貸	・地権者が自ら建物を建設し、テナントに賃貸する ・賃貸収益から投下資金を回収する ・管理業務の外注が検討可能	・地権者自ら建設費等の資金調達(借入等)が必要 ・賃料、建設費、金利等を慎重に想定し、事業収支を検証する必要がある
2. 定期借地権	・地権者は借地人に土地を賃貸し、保証金と地代を受領する ・土地は借地期間満了時に返還される	・一般に事業リスクは低いが、収益性も低い ・借地期間中の土地所有権の換価性は劣る
3. 等価交換	・デベロッパーとの共同開発事業 ・地権者は土地をデベロッパーに提供し、それに見合う建物の持ち分を取得する ・地権者は建物所有部分を賃貸する	・建物賃貸方式と比較し、当初の資金負担が不要 ・参画デベロッパーの確保が必要 ・不動産譲渡税の確認が必要
4. 単純売却	・対象地を売却し、売却代金を得る	・不動産譲渡税の確認が必要

3. 地権者のニーズとの整合

　不動産有効利用の主たる目的は、多くの場合安定収益の確保であるが、個人の場合は相続や、所得に関する相談に関しても有効利用につながるケースもある。事業の収益性やリスクとともに、こちらにも留意されたい。

主な建物用途の特徴(有効利用のメニュー)

利用形態	長　所	短　所
1.ファミリーマンション	・地域的に広い範囲で事業が成り立つ ・需要が多く、比較的安定した入居が期待できる	・競合が多く、収益性は高くないことが多い ・管理が煩雑
2.ワンルームマンション	・ファミリーマンションよりも賃料単価が高い	・利便性の高い立地限定 ・ファミリーマンションよりも建築費が割高 ・管理が煩雑
3.オフィスビル	・立地・企画・規模によっては採算が良い ・一般に法人相手で管理面のリスクが少ない ・敷金等が住居系よりも多い	・立地が限定される ・ペンシルビルの場合は賃料水準が低く、建築費は割高 ・賃料水準や空室率等が経済環境に影響されやすい
4.商業ビル(都心型)	・比較的採算が良い	・立地が限定され、一定規模以上の面積が必要 ・大店立地法が適用される場合がある ・テナントの組み合せなど、管理・運営のノウハウが必要とされる
5.郊外型ショッピングセンター ロードサイド店舗	・比較的建築費が安く、建設協力金等で建築費の相当部分をカバーできるため、資金負担が少なくて済む ・多種多様な店舗の組み合わせにより、相乗効果が得られ、大規模な土地の活用が可能となる	・立地が限定され、一定規模以上の土地が必要 ・人口動態や商圏の見極めが重要となる ・大店立地法の適用がある ・建物に汎用性がないため、中途解約に対するリスクヘッジが必要 ・ロードサイド店舗では、平面的利用が多く、収益の絶対額が少ない

6. 倉庫・ 配送センター	・汎用性のある建物の場合、 建築費が安く、多様なユー ザーに対応できる ・今後の需要の増加が底堅い	・幹線道路沿いや従業員が確 保できる等立地が限定され る ・需要が限定されるため、あ らかじめテナントを確保す る必要がある ・賃料水準は低め
7. ヘルスケア 施設	・今後の需要の増加と比較的 安定した入居が期待できる	・オペレーターの管理・運営 能力に依拠するところが大 きい ・施設の従業員の確保ができ る等、立地が限定される ・入居者がいるため、オペレー ターに中途解約された場合 の対応が必要
8. ホテル	・オペレーターとの契約内容 により、安定型でいくか、 あるいはアップサイドを狙う かなど、投資スタイルに幅 が持てる	・オペレーターの管理・運営 能力に依拠するところが大 きい ・観光地や、主要都市でビジ ネス客が見込まれるエリア 等、立地が限定される ・自然災害や病気の流行等、 予想外の出来事に収益が 左右されることがある
9. ソーラー パネル	・比較的安価で設置が可能 ・管理が容易 ・他の用途では利用が難しい、 人口の少ないエリアの土地 でも活用が可能	・日照が悪い土地では、収益 が悪くなる可能性がある ・法律の改正等により、収益 性が不透明
10. 立体駐車場	・狭い土地でも建設可能であ り比較的収益性は高い	・都心部商業地域等立地が限 定される

⑦ オーダーリース方式と定期借地方式

　都市近郊の幹線道路沿いにはスーパーの他にもファミリーレストラン、ホームセンター等郊外型商業店舗（ロードサイドショップ）が数多く出店しているが、こうした店舗の出店形態や賃貸借の慣行は、オフィスやマンションの場合と大きく異なるのが一般的である。大きく分けてオーダーリース方式・定期借地方式の2つあるが、それぞれの方式のメリット・デメリットを理解して方式を選択する必要がある。ポイントは事業リスク、収益性、管理の手間等である。

1. オーダーリース方式
　テナントが地権者に敷金・保証金（建設協力金）の名目で高額（業種によっては概ね建設費相当額）の金銭を差入れ、地権者はこの資金でテナントのニーズに沿った建物を建設し、竣工後賃貸する方式。賃貸借期間は15〜20年程度の長期契約が多く、その期間中に建設協力金を地権者がテナントに分割返済していくのが一般的である。

　オーダーリース方式の主たるリスクはテナントの退去、賃料引下げ等が挙げられる。オーダーリース方式により建設された建物は最初に入居したテナントの意向に沿った設計のため汎用性が低く、新テナントの再募集が困難となる可能性が高い。

　したがって、賃貸借契約上、中途退去時にテナントに対し何らかのペナルティを設定して入居の安定性を図ることが、テナントの信用力と同じくらい重要である。具体的には、「中途解約不可」、「賃貸借期間中の最低賃料保証」、「中途退去時における同条件の後継テナント選定義務」、「中途退去時における敷金・残額保証金の没収」等の条項を賃貸借契約に盛り込むことがある。

　それでも、日本の借地借家法は借りるほうに有利な法律であり、訴訟になった場合に当該条項の有効性が認められる保証はない。定期建物賃貸借契約（定期借家契約）ならば、賃貸借期間と賃料をテナントに保証させることができるといわれており、リスクヘッジの

手段として有効であろう。

オーダーリース方式はこのようなリスクを抱えるが、一般に定期借地方式よりも収益性が良いため、テナントの信用力が高い場合や、後継テナントの募集に自信がある場合には有力な選択肢となる。

なお、土地の有効利用によって地権者側の所得税、住民税が増加しても、手元には賃料から建設協力金の返済分を相殺した分しか現金が入らないので、資金繰りにも注意が必要である。

2. 定期借地方式

テナントが地権者から土地を借り、自ら建物を建設して使用する方式。事業用定期借地権制度(期間10〜50年)を活用することが多い。定期借地の場合は、地権者は借地人(テナント)から地代を受領するだけで高額の借入等は行わないので、その事業リスクは地代の変動リスク・中途解約リスク等に限定される。一般に地代は家賃よりも低くなるが、事業リスクを重視する場合には有力な選択肢となる。

〔参照〕☞ 不動産に関する権利…債権(15頁)

地権者にとっての『オーダーリース方式』と『定期借地方式』の比較

	オーダーリース方式 (建物賃貸)	定期借地方式 (土地賃貸)
契約時の一時金	敷金・保証金(建設協力金)	敷金(契約満了時の建物取壊費用の担保)
投下資金	建物投資が必要だが、資金のほとんどは敷金・保証金(要返済)により調達される	ほとんど不要
事業リスク	テナントの中途退去リスク 建物の毀損リスク	借入人の中途解約リスク (インパクトは小さい)
収益性	土地及び建物使用の対価のため通常定期借地方式より高い	土地使用の対価のため通常オーダーリース方式より低い
賃貸期間	通常15年〜20年位	事業用定期借地権制度の場合、10年〜50年
契約の更新	契約により更新される場合有	なし(更地で返還)
管理の手間	建物管理必要。ただし、日常の管理はテナントが行う	土地賃貸であり、ほとんどかからない
相続の土地評価	貸家建付地としての評価(敷金・保証金は債務控除できる)	定期借地の残存期間に応じ、最大更地の20%減の評価(多額の権利金等を授受した場合を除く)
その他	建物の減価償却ができる	—

8 借家の契約更新・契約終了

建物を借りている場合、賃貸借契約の更新時や解約時のチェックポイントは以下のとおり。

1. 契約更新時

首都圏の場合、賃貸住宅は2年に1度の割合で契約を更新するのが一般的である。契約を更新するに際して、立地状況や利用状況により違うが家賃の0.5ヵ月から1ヵ月分の更新料を支払うケースが多いようである。

・更新料……契約の更新の際に家主等に支払う金銭。

　契約終了時に賃借人には返還されない。

「更新料」は慣行的に授受されているものであり、貸主・借主間で更新料の支払いの合意がなされていなければ法的には支払う必要はない。貸主側からいえば更新料をとるためには、賃貸借契約書に更新料支払いの規定を入れておく必要があるわけである。

　ただし支払いを合意していても、争いになれば近隣相場に比して高額な更新料は否認されることとなる。

2. 契約解約時

　解約つまり部屋を退去するに際しては、賃借人は借りていた部屋の原状回復を行う必要があることが多い。借主が自分で業者に依頼して工事することもあるかもしれないが通常は、貸主が建築会社に発注して工事を行うのが一般的である。

　問題となるのはこの工事にかかった費用、つまり原状回復費用の負担についてである。

・原状回復……国土交通省のガイドラインによれば「賃借人の居住、使用により発生した建物価格の減少のうち、賃借人の故意・過失、善管注意義務違反、その他通常の使用を超えるような使用による損耗等を復旧する」ことと定義し、その費用は賃借人の負担とした。

　それに対し、いわゆる自然損耗、通常の使用による損耗等の修

繕費用は賃貸人の負担とした。原状回復は、賃借人が借りた当時の状態に戻すことまでも賃借人に請求できるものではない。

　つまり自然損耗や通常の使用によって生じた損耗は、時間の経過に伴う老朽化であって賃貸人が負担すべきものである。明らかに通常の使用等による結果とは言えない経年劣化以上の損耗で、賃借人の管理が悪く、損耗等が発生または拡大したと考えられるものについては、賃借人に原状回復義務があるとした。

　賃借人の負担となるものを例示すれば、次のとおりである。

①カーペットに飲み物等をこぼしたことによるシミ、カビ

②引越作業で生じたひっかきキズ

③賃借人の不注意で雨が吹き込んだことによるフローリングの色落ち

④キャスター付の椅子等によるフローリングのキズ、へこみ

⑤台所の油汚れ

⑥結露を放置したことにより拡大したシミ、カビ

⑦エアコン（賃貸人所有、賃借人所有を問わず）から水漏れし、賃借人が放置したため生じた壁の腐食

⑧壁等の釘穴、ネジ穴（絵画等の重量物をかけるためにあけたもので、下地ボードの張替えが必要な程度のもの）

⑨天井に直接つけた照明器具の跡

⑩飼育ペットによる柱等のキズ

⑪日常の不適切な手入れもしくは用法違反による設備の毀損

　特約により賃借人の負担範囲を広げること（例えば、責任の有無にかかわらず、ふすま、畳表、壁クロスを新品に張り替える）は、不可能ではないが、判例では有効と認められるとは限らない。特に個人相手では、消費者契約法の観点から「消費者の利益を一方的に害する条項」として特約が否認される傾向が強まっており、注意が必要である。

⑨ 借地の契約更新・条件変更

　土地を借りている場合、その借地契約の更新や条件変更に関するチェックポイントは以下のとおり。

1. 借地契約の存続期間(更新)

　借地権の存続期間は借地契約が旧借地法に基づくものか借地借家法に基づくものかによって異なる。

〈存続期間の概要〉

旧借地法に基づく借地権	借地借家法に基づく借地権 (普通借地権)
(当初の存続期間) ●存続期間の定めがある場合 　堅固な建物…30年以上 　非堅固な建物…20年以上 ●存続期間の定めがない場合 　堅固な建物…60年 　非堅固な建物…30年	(当初の存続期間) ●存続期間の定めがある場合 　堅固・非堅固の区別なく一律 　…30年以上 ●存続期間の定めがない場合 　堅固・非堅固の区別なく一律 　…30年
(更新後の存続期間) ●合意更新 　堅固な建物…30年以上 　非堅固な建物…20年以上 ●法定更新 　堅固な建物…30年 　非堅固な建物…20年	(更新後の存続期間) ●合意更新 　最初の更新…20年以上 　2度目以降…10年以上 ●法定更新 　最初の更新…20年 　2度目以降…10年
1992年7月31日までに設定したもの	1992年8月1日以降に設定したもの

　旧借地法に基づく借地権については、借地契約の更新に際しても旧借地法が適用される(借地借家法附則第6条)。

2. 条件変更・譲渡

　「借地条件の変更」や、土地賃借権の第三者への「譲渡」または「転貸」には、賃貸人の「承諾」が必要である。賃貸人の承諾が得られない場合には、裁判所が賃貸人の承諾に代わる許可を出すことができる場合もある(このような事件を借地非訟事件という)。

〔参照〕☞ 不動産に関する権利…債権(15頁)

3. 更新料・承諾料

　更新料等は法律上の定めがあるものではないが、慣習として賃貸人と賃借人との間で授受されるものである。借地非訟事件において裁判所の許可が出されるときも「財産上の給付」を命じられることが多い。

〈借地関係取引慣行一覧表〉

項目	取引慣行	増価要因	減価要因
1. 更新料	更地価格 ×2%～5% 年額支払地代の4年分～ 8年分程度	前回の更新料が安かった 地代が割安	地代が割高
2. 増改築承諾料	更地価格 ×3～5%	全面改築 建物の大幅な効用増	一部増改築
3. 建替 （条件変更） 承諾料	普通建物→普通建物： 更地価格 ×2～7% 普通建物→堅固建物： 更地価格 ×10～15% 一般的には更地価格 ×10%	地代が割安 建物の大幅な効用増	地代が割高
4. 名義変更 （譲渡） 承諾料	借地権価格 ×10～15% 非訟事件では借地権価格 ×10%が多い	地代が著しく低い 建物が老朽化している	親族間の譲渡

（注）
・上記は東京都内における非訟事件の裁判や一般的な取引慣行を参考とした一例。
・具体的には取引地域における取引慣行ならびに借地人と地主との交渉になる。

⑩ 貸地の借地人より買取りの申し出を受けた場合

　貸地といわれる主なものには、①旧借地法に基づく貸地、②定期借地権で貸している土地、③無償返還方式により貸している土地、④使用貸借により一時的に貸している土地がある。

1. 旧借地法に基づく貸地の場合

　旧借地法に基づく借地権は、大別して、適正な賃料と支払賃料との差額（借り得分）に基づき自然発生的に発生したものと、権利金を払って創設的に発生したものとがあるが、借地権（賃借権の場合）には、抵当権の設定や建て替え・譲渡に地主の承諾等が必要となるという制約がある。

　借地人にとっては、底地を買い取り完全所有権にすれば、土地に抵当権も設定でき銀行から融資を受けられ、また、建物も自由に設計して建てられるので、メリットは大でありこの場合の価格は「限定価格」になり、正常価格より高くなる。

　そのため貸地つまり底地を売って欲しいという借地人からの申し出が、借地権が成熟している大都市や地方都市では多くある。

(1)売却

　地主としては、地価に比べ地代が1〜2％程度で地代が公租公課の2〜3倍にしか取れず、その土地に愛着がない場合、売却したほうがよいと考えるであろう。

(2)交換

　借地権と底地（所有権）を交換したほうが地主にとっては得と考えられた場合、または由緒ある土地なのでどうしても土地の一部を地主が所有権で残したい場合は、借地人に交換を提案することも良い。借地権と底地の比率を当事者間で決めて、借地の一部を地主に返して、残りの部分を借地人が所有権とし、金銭の授受なしで解決することが可能である。

(3)底地の評価方法

　底地の評価方法のうち簡便法による場合（借地権割合による場

合)は、相続税路線価図もしくは倍率表(国税庁の財産評価基準書)による借地権割合を100%から控除したものに、0～10%の価値増分を加えたものを底地の割合として底地価格を決定する。

(例) 借地権割合60%地区：D　底地割合　40～50%

　　　借地権割合70%地区：C　底地割合　30～40%

　　　借地権割合80%地区：B　底地割合　20～30%

　　　借地権割合90%地区：A　底地割合　10～20%

2. 定期借地権による貸地の場合

　定期借地権の場合は、貸地は期限に返還されるのが通常であり、契約途中に貸地を買い取られる場合は少ないであろう。期限満了時に更地価格に近い底地価格で借地人に売却することは考えられる。

3. 無償返還方式による貸地の場合

　無償返還方式による貸地の場合は以下の2つのケースがある。

(1)借地権の借り得部分が発生してない場合

　通常の所有権として時価評価して売却すべきである。

(2)借地権の借り得部分が発生している場合

　借地権が借り得部分（地代が地価上昇に追いつかず、適正な賃料と開差が生じた場合、その差額を還元利回りで割った額）が生じたことにより、借地権が更地価格の0～20%の範囲で発生することがあるので、更地価格から借地権価格を控除した価格をもって売却することが考えられる。

　いずれの場合も関係会社・個人間の売却が多く、売却損益が出るので、納税には税理士と相談し、税務署と十分協議する必要がある。

〔参照〕☞ 権利金の授受のない借地権(74頁)

4. 使用貸借により一時的に貸している土地の場合

　使用貸借により一時的に土地を駐車場や撤去が容易な簡易プレハブ建物の敷地として貸している場合などには、通常借地権の発生はないので、更地価格で売却価格を決定し、売却することが考えられる。

11 オフィスビルの賃貸借でよく使われる用語

◆「新規賃料」と「継続賃料」

空室部分を募集する際の賃料を新規賃料といい、需給の影響を受けやすい。既存のテナントが更新する際に見直される賃料は継続賃料というが、新規賃料よりも変動幅が小さい。

◆「募集賃料」と「成約賃料」

募集賃料は広告等に出ている賃料で、実際にテナントとの間で決まる賃料を成約賃料という。募集賃料と実際の成約賃料に差が出る場合があり、特に需要が少ない不況時には差が大きくなる。

◆「新築ビル」と「既存ビル」

新築ビルは機能が高いため、既存ビルよりも賃料水準が高くなるが、不況時には新築ビルの空室率が既存ビルに比べて大きくなる。

◆「共益費別」と「共益費込(キョウコミ)」

ビル全体を維持するための水道光熱費、空調費やその他のサービス費は、共益費として賃料とは別に徴収する慣行がある。しかし近年、賃貸借の交渉時には、共益費を含めた一坪あたりの金額が用いられることが多い。

◆フリーレント

賃貸市況が悪いときに、テナント誘致のために賃料を数ヵ月間無料にする特約。テナントは移転コストを埋め合せる程度のメリットが得られることが多く、オーナー側も対外的に賃料の値引きを表面化させずに誘致交渉ができるメリットがある。

◆レントホリデー

賃料を1ヵ月から数ヵ月無料にする特約。フリーレントとの違いとして、フリーレントは一般的に入居時に設定されることが多いが、レントホリデーは契約期間中に分散して設定される。

◆段階賃料

契約上の賃料はある程度の水準にするが、一定期間は割り引いた賃料を特約するもの。新規賃料ではフリーレントに似た効果がある。また、継続賃料の交渉にて、オーナーが賃料を引き上げるた

めの戦術として用いることもある。

◆基準階

オフィスビルなどの複数の階層を持つビルにおいて、最も代表的な面積を有する階層のことをいう。低層階はエントランスや飲食店舗等で特殊な区画になっていたり、上層階は斜線制限の影響で区画が小さくなっていたりすることが多いので、中層階のフロアが基準階となっていることが多い。

◆レンタブル比

賃貸面積比とも呼ばれ、賃貸可能面積を延床面積で除して求める。一般的には65%〜85%の水準となる。廊下、階段、エレベーター、共有トイレ、機械室等は非収益部分となり、賃貸可能面積には含まれない。レンタブル比が高いと建物の収益性が高いということになるが、非収益部分をあまりに小さくしてしまうと、テナント側にとっては廊下が狭い等、使い勝手の悪いビルとなる。

◆一人当たり面積

賃貸面積を利用人数で除した数。

◆「グロス面積」と「ネット面積」

グロス面積とは、契約面積に事務所部分の他に廊下、階段、エレベーター、共有トイレ、機械室等の共有部分を含んだ面積を表し、ネット面積とはグロス面積から共有部分の面積を引いた、テナントが占有できる部分の面積を表す。オフィス賃料を比較する際には、グロス面積かネット面積のいずれで計算されているか確認をした方が良い。

◆解約予告

借りている床面積について、賃貸人や管理会社に対して解約する旨を事前に通知すること。賃貸借契約に解約の数ヵ月前に解約予告を通知する旨が規定されていることが多い。

第4章

不動産を売買するときのポイント

① 不動産を売る場合の手順とチェックポイント

不動産を売るときの手順は、概ね以下のとおりである。

1. 不動産仲介業者に依頼

まず、依頼の際には売却希望価格や売却の時期を業者に良く話しておくことが必要である。業者に売却の依頼をする際には媒介契約を締結する。売出価格については、客観的データに基づいた価格査定書を作成してもらい判断する。仲介手数料は400万円超の売買価格の場合、その3％＋6万円（別途消費税）であるが、成約しなければ広宣費等がかかったとしても原則支払う必要はない（成功報酬）。

〔参照〕☞ 媒介契約とは（106頁）

2. 広宣活動

不動産業者はチラシや住宅情報誌、インターネット等の媒体や、不動産流通情報システム（レインズ）等を利用して情報を流す。

3. 交渉・確定すべき契約条件

(1)売買代金

希望価格に満たない場合には、実勢価格も考慮して価格引き上げ交渉や、代金の支払条件等細部の詰めを行う。譲渡益が出る場合は税金等との兼ね合いも考慮する。

(2)支払条件

売買代金の額と、手付金の額、中間金等その受け取り条件を確定する。手付金は売買代金の10％から20％が相場、中間金を支払う場合には同様に10％から20％が相場であるが、手付金と合わせ

て売買代金の50%以上となる場合には、所有権移転の仮登記が必要になる場合がある。

(3)引渡しまでに整理する権利・担保

抵当権の抹消や賃貸借契約の解除等の必要がある場合には、誰がいつまでに完了するか責任の所在をはっきりとさせておく必要がある。

(4)契約解除・損害賠償の取り決め

(5)売買対象物件の確定

①土地の場合には、隣地との境界の明示方法を取り決める。

②建物の場合、建物と一緒に取引の対象になる付帯物件を確定する。

(6)その他の事項

契約に関する紛争の処理方法、固定資産税・都市計画税等の税金・管理費・公共料金等の負担金の精算方法などを確定しておく。

4. 売買代金決済

売買代金決済の手順は通常、司法書士が登記書類(実印・登記済証または登記識別情報・所有者の印鑑証明書等)の確認をした上で、残代金の受け渡しをする。残代金は現金決済が原則だが、金額が大きいので銀行口座振込・預金小切手とすることも一般的である。支払いが不確実な手形や一般の小切手は避けること。

5. 引渡し

引渡しの際の留意事項は次のとおり。

(1)引き渡す物件の最終確認をして契約で定めた付帯物などの有無を確認する。

(2)所有権の移転(登記済証または登記識別情報・印鑑登録証明書)と抵当権等抹消書類の準備をする。万が一不備があると、売買代金決済に支障が出る。

(3)固定資産税等公租公課の日割り精算をしておく。契約書の条項どおり、あらかじめ計算をしておくこと。

(4)鍵・管理規約・付帯設備の説明書等、マンション等の管理規約・地域の規約(協定)など買主に継承すべき事項がある場合は、物件と一緒にこれを引き渡す。

② 不動産を買う場合の手順とチェックポイント

不動産を買うときの手順は、概ね次のとおりである。なお、ここでは、個人が住宅を買う場合を想定する。

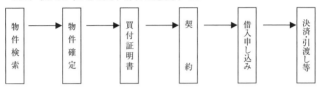

1. 物件検索

物件情報は、インターネット、折り込みチラシ、不動産情報誌、不動産業者などから収集できる。業者に依頼した場合は依頼時に媒介契約を締結し、仲介手数料を、売る場合と同じく売買契約時(通常、契約時に半金支払、決済時に半金支払)に支払う。

〔参照〕☞ 不動産を売る場合の手順とチェックポイント(94頁)

2. 物件確定のポイント

(1)希望条件に優先順位をつける

①地域は、通勤通学の利便性等や鉄道距離等で選定。

②新築か中古か、戸建てかマンションか。

③必要となる広さと間取り、周辺の利便施設の整備状況等。

(2)資金計画を考える

現在の自己資金、住宅ローンの借入可能額(通常は、年間返済額は年収の25%以内)を調べ、余裕をもった資金計画を考える。不動産購入後の登記費用、仲介手数料、引越し費用、カーテン代等、購入金額の10%程度は見込んでおく。

(3)自分自身で物件を確認する

業者の説明を鵜呑みにせず、自分自身で現地に赴き、物件を確認する。現地では、時間帯や天候による周辺状況の変化も確認しておきたい。

(4)買付証明書

契約前に購入の意思表示をするために、買付証明書を売主側に差入れる場合がある。これは法的には契約の成立とは認められないため、契約に至らない場合でも違約金の支払や、仲介手数料の支払義務はない。

3. 契約のポイント

(1)信頼のできる不動産業者に契約手続きを依頼し、重要事項説明書や契約書の案文を十分に理解した上で契約に臨む。

(2)手付金・内金・残代金の額および時期等支払い条件を決める。売主に売買価格を上回る借入残高がある場合には一括取引とすべきである。

(3)税金・公共料金の負担をはっきりさせる。

(4)抵当権等抹消後の完全所有権とすること。

(5)建物の給排水・電気設備等は事前に作動確認が必要である。

(6)戸建住宅の場合、隣地との境界を関係者の立会いのもと、明示してもらう。

(7)債務不履行時の契約解除や損害賠償についても取り決めておくこと。

4. クーリング・オフ制度

個人が宅建業者から不動産を買う場合、売主または売主側仲介業者の事務所以外の場所(顧客の自宅・勤務先・金融機関店舗・弁護士事務所等)で売買契約を締結した場合には、原則として宅建業法第37条の2に定める「クーリング・オフ条項」が適用され、買主は、契約締結日を含む8日以内であれば無償解除ができる。

ただし、買主が、物件の引渡しを受け、かつ代金の全部を支払ったときや、買主の申出に基づいて自宅・勤務先で契約を締結した場合には、同制度の適用はない。

5. 融資の一例

(1)フラット35

住宅金融支援機構と民間銀行の提携によるローン。全期間金利が固定なのが特徴。

⑵民間銀行ローン

変動金利、固定金利の選択の他、銀行によって多種多様なローンがある。

⑶財形住宅融資

勤務先で財形貯蓄を続けている会社員を対象とした公的な制度。

6. 決済 等

売主が用意する所有権の移転登記等に必要な書類が完備しているか必ず司法書士に確認してもらってから、売買代金を支払うこと。

③ 建物・設備の瑕疵のトラブルを防ぐための方法

　近年、建物の耐震性や気密性への要求水準が高まっている。また、設備も高機能化して居住環境に果たす役割が大きくなっている。しかし、それらに不具合があったとしても一見して分かりにくいことが多いため、瑕疵が後になって発覚してトラブルになる危険性が高くなっている。

1. インスペクション（建物調査）

　プロ同士の不動産取引では、買主が購入前に自己の費用で建物の調査をすることが少なくない（デュー・デリジェンス）。

　個人間の売買では、買主が建物を視察した際の「現状有姿」で取引することが多かったが、最近ではトラブル防止のために、売買の前に売主または買主が建物の調査を実施することが増えている。特に住宅の建物調査のことをホームインスペクションと言い、それを行う専門業者はホームインスペクターと呼ばれている。

〈ホームインスペクションの調査内容の例〉

●目視による状態調査

　　屋根、小屋裏、床傾斜、壁面、設備、床下、基礎

　　目視中心の調査費用は10万円前後からできる

●機材測定

　　木材含有水分、壁内部、基礎強度

　　シックハウス物質測定(ホルムアルデヒド等)

●耐震診断

　ホームインスペクションに関する情報は、以下のサイトからも入手できる。日本ホームインスペクターズ協会(http://www.jshi.org/)。

2. 建物状況調査(インスペクション)についての宅建業法上の規定

(1)仲介業者 (宅地建物取引業者) は、媒介契約締結時に、建物状況調査を実施する者のあっせんに関する事項を記載した書面を依頼者に交付する(法34条の2第1項第4号)。

(2)仲介業者は、重要事項説明書に、建物状況調査を実施しているかどうか、および実施している場合にはその結果の概要を記載し、買主に説明する(法35条第1項第6号の2)。

(3)仲介業者は、売買契約成立時に、建物の構造耐力上主要な部分(基礎、外壁等)の現況について、売主と買主が確認した事項を、売買契約書等(法37条書面)に記載して売主と買主に交付する(法37条第1項第2号の2)。

3. 付帯設備表

付帯設備は建物本体より耐用年数が短く、その不具合が、引き渡し後にトラブルを引き起こすことがある。

これを防ぐためには、仲介会社に付帯設備表を作成してもらい、売主と買主で状況を確認し、対処方法を合意しておくことが必要である。

〈確認すべき付帯設備の例〉

●照明関係

　屋内照明器具、屋外照明器具

●空調関係

　冷暖房機、床暖房、換気扇

●収納関係

　食器棚(造付)、吊戸棚、床下収納、下足入れ

●給湯関係

　給湯器、バランス釜、太陽熱温水器

●台所設備

　流し台セット、コンロ、オーブンレンジ、レンジフード、
　食器洗浄機、換気扇

●水回り関係

　風呂一式、換気扇、トイレ器具一式(温水洗浄便座など)、
　洗濯機用防水パン、洗面台一式

●その他

　網戸、雨戸、戸・扉、ふすま、障子、ドアチャイム、
　インターホン、TVアンテナ、カーテンレール、物干し、灯ろう、
　車庫・カーポート、庭木・庭石、門・塀・フェンス・垣根　他

④ 不動産業者選定のポイント

　不動産業者は、数人で営む個人業者から従業員数千人規模の一部上場の大手不動産会社まで、その規模や業歴など様々なものがある。仲介等を依頼する場合はそれらの中から適切な業者を選択することが大切である。

1. 適切な業者の選定ポイント
(1)規模などによる得意分野の違い
　不動産業者は、その業歴や規模・店舗網などによりそれぞれ得意分野に違いがあり、依頼内容により適切な先も変わってくる。
　地場の個人業者、特に同じ場所で長く営業を続けている業者などは一般的に地元のきめ細かい情報に精通している点に強みがある。一方、全国規模の大手不動産会社や信託銀行などは、事業用の大型物件やネットワークを利用した全国規模の情報収集に強い。
(2)宅地建物取引業免許の確認
　不動産取引業を営むためには宅地建物取引業（以下宅建業という）の免許が必要（宅建業法第3条1項）。免許には、事務所を1つの都道府県のみに置いて営業する場合の都道府県知事免許と、2つ以上の都道府県に置いて営業する場合の国土交通大臣免許の2種類があるが、両者に優劣の差はない。
　免許番号は「●●知事免許(5)123456号」、「国土交通大臣免許(7)654321号」などと定められるが、事務所に掲示されている宅建業者の標識や広告、業者名簿（後記）などで確認できる。
(3)更新回数の確認
　免許番号の（　）内の数字は5年ごと（1996年3月31日以前は3年ごと）の免許の更新の回数を表し、この数字で業者の営業年数の長さを確認できる。他社の業歴を引き継いでいる場合もあり、この数字が大きいだけで安心できるわけではないが、業を続けることが不適当と判断されると更新されないこともあり、業者選定の指標の一つといえる。

⑷宅建業者名簿の閲覧

　業者名簿を閲覧することで業者の経歴や資産状況、行政処分歴などが確認できる。

　業者名簿は都道府県知事免許の場合は都道府県の宅建業担当窓口（東京都：住宅政策本部住宅企画部不動産業課）、国土交通大臣免許の場合は本社所在地を管轄する国土交通省の出先機関（関東地区：関東地方整備局建政部建設産業第二課）において閲覧できる。都道府県によっては一部ＨＰで閲覧可。

国土交通省：https://etsuran.mlit.go.jp/TAKKEN/

東京都：http://www.takken.metro.tokyo.jp/

名簿の主な項目とチェックポイント	
免許の有無・免許番号	前述のとおり
商号、代表者、役員、事務所の所在地取引士、従業員	前更新以降の変更履歴が閲覧できる。事務所移転、商号変更、役員交代、従業員の出入りなどが頻繁に行われている場合は要注意
過去の営業実績・納税状況（更新している場合）	更新前過去5年間の取引件数や額、更新前年の納税額などが閲覧でき、経営状況が確認できる
資産状況等（更新している場合）	個人営業の場合は代表者の資産状況、法人の場合は資本金、財務内容が確認できる。（更新時点）
業界団体の加入状況	不動産協会などの業界団体に加盟している業者は、広告を行う際にも「不動産の表示に関する公正競争規約」の自主規制を受けることになるので、信用の目安のひとつになる。
行政処分歴	過去に業務停止などの処分を受けていないかどうか。過去5年以内に行政処分を受けた業者については処分が記録されており重要な注意ポイント。

2．要注意業者の例

　その他、以下のような業者などには注意が必要である。

⑴広告についての規約や法令を守っていない業者

　公正競争規約で禁止されている「おとり広告」や違法な電柱ビラ、物件概要の表示が不適切な広告などを出しているなど

　〔参照〕☞不動産広告のルールと見方（104頁）

(2)契約を急がせる業者

　買主に判断する時間を十分与えず仮契約をして物件を押さえさせる、申し込み証拠金として支払いを強制する、手付金を立替えるなど

(3)契約前に取引士が重要事項の説明をしない業者

　〔参照〕☞重要事項説明書 とは(110頁)

⑤ 不動産広告のルールと見方

　土地や建物を購入しようという場合、まず、新聞、雑誌、折り込みチラシ、インターネットやパンフレットなどの不動産広告により情報を収集することが多いが、その広告にもルールが定められている。

1. 不動産広告のルール

　不動産の広告は宅地建物取引業法や「不動産の表示に関する公正競争規約」（不動産協会などの業界団体に所属している場合）により以下のようなルールが設けられている。これらのルールを守っているかは売主や業者の信頼度を計るポイントの一つとなる。

(1)広告表示の開始時期

　未完成物件は、開発許可、建築確認を受けるまでは広告不可。

(2)必要な表示項目

　広告主に関する名称、免許番号、取引態様等や、物件に関する所在地、交通、価格等、物件の種類や媒体により必要な表示項目が定められている。また、文字の大きさも原則7ポイント以上とされている。

(3)禁止広告

　不当な二重価格表示やおとり広告、不当な比較広告、特定用語の使用などは、一定のものを除き禁止されている。

二重価格表示 ……「旧価格の○％オフ」など、実際に販売する価格に、それより高い価格を比較対照価格として同時に表示するもの

おとり広告……実際には存在しない価格の低い物件など、興味を引かせるような物件広告をオトリに使い買主を引き寄せ、実際は広告とは別の物件を売りつけようとする手口。

使用禁止の特定用語……「完全」「完璧」「絶対」「万全」「日本一」「業界一」「超」「抜群」「最高」「買得」「掘出」「格安」「激安」等、抽象的な用語や他と比較する用語で合理的な根拠のないものなど。

2. 主な表示項目とその見方

不動産広告には以下のような項目が表示される。

不動産広告の主な表示項目とその見方	
広告主の取引態様	不動産の広告主が「売主」、「貸主」、「代理」、「媒介(仲介)」等その取引のどの立場にあるか。手数料の有無にも影響もあり確認要。
物件の所在地	広告では、住居表示でなく登記地番で表示される。
交通利便性等	物件までの所要時間については以下のような表示基準がある。 ・徒歩による所要時間……道路距離80m=1分(1分未満端数は切り上げ(例) 300m→徒歩4分)。信号待ち時間や坂道などは考慮外。 ・電車、バス等の場合……乗り換え時間や待ち時間はその旨明記の上含まない場合が多い。通勤時の所要時間が平常時を著しく超える場合はその時間も併記。新駅の表示は公表したものに限る。
面積	平方メートルで表示。1㎡未満の四捨五入や切上げはできない。土地面積に私道負担が含まれる場合はその旨も表示される。建物は延べ床面積を表示。間取り図等で「○畳」と表わす時は、1畳当り1.62㎡以上で換算。バルコニーは含まない。
築年数	「新築」は、その建物が建築後1年未満で、かつ未使用である場合に限り、それ以外は「中古」となる。
価格	宅地の場合は1区画の総額(上下水等供給施設のための費用含)、マンション・一戸建ては敷地価格を含んだ1戸当たり総額。消費税の対象の場合は税込総額が表示されている。分譲などで戸数が複数の場合は最低価格と最高価格(●万円〜○万円)、最多価格帯(全体で10戸以上の場合)などが表示される。
利用上の制限や欠陥がある場合	市街化調整区域内の土地である、道路に2m以上接していない、セットバック要、傾斜地含む、など利用上の制限や欠陥(瑕疵)がある場合は表示が義務付けられている。

3. やはり現地確認が肝心

　実際には広告を見るだけでは、不動産の周囲の利用状況は十分に分からない。近くに騒音、振動、悪臭を発生させる工場等がないか、隣接地に高い建物が建っていないかなど、環境の善し悪しは自ら現地に出向いて確認する必要がある。所要時間も広告に表示されたものを鵜呑みにせず、通勤・通学時間帯に交通機関に乗ってみたり、実際に歩いてみて計測してみるべきである。
「現地を見ずして不動産を語るなかれ」である。

⑥ 媒介契約とは

依頼者が宅地建物取引業者(以下業者という) に宅地・建物の売買や交換・賃貸借の仲介(仲立(なかだ) ち・媒介) を依頼する際に締結する契約。

1. 媒介契約制度の意義

「媒介契約書」は、業者の役務内容や報酬について明確にする一方、業者が顧客から売却や買受けの依頼を正式に受けていることを対外的に証明するもの。この制度は、正式に依頼を受けていない業者が無断で物件を広告掲載したり他の顧客に紹介したりし、不当に広告料や報酬を要求するようなトラブルを防止するため創設された。なお宅建業法で義務付けられているのは売買・交換の場合で、賃貸借は除外されている。

2. 媒介契約の種類と契約の効果

当事者間の拘束の程度に応じて次の3種類がある。

(1)一般媒介契約

依頼者は複数の業者に重ねて依頼可。他に依頼している業者名を明らかにする「明示型」と、その必要がない「非明示型」がある。業者は依頼者にセールス状況を報告する義務はない。依頼者は成約させた業者に対してのみ報酬を支払えばよいが、契約有効期間内に依頼者が自ら見つけた相手との契約(以下自己発見取引という)や他業者の媒介で成約した場合、依頼した業者への通知義務がある。

(2)専任媒介契約

依頼者は契約した業者一社にしか依頼できない。業者は国土交通省指定の流通機構に7営業日以内に登録し、二週間に1回以上書面でセールス状況を報告する義務がある。依頼者が違約し他の業者の媒介により契約した場合、業者は約定報酬額相当の違約金を請求することができる。自己発見取引の場合、依頼者は通知義

務のみで報酬を支払う必要はないが、業者は履行に要した費用があれば、約定報酬額の範囲内で依頼者に請求することができる。

(3)専属専任媒介契約

　依頼者は契約した業者一社にしか依頼できず、自己発見取引も禁止。業者は国土交通省指定の流通機構に5営業日以内に登録し、週1回以上書面でセールス状況を報告する義務がある。依頼者が違約し契約期間内に、他の業者の媒介や自己発見取引により契約締結した場合には、業者は約定報酬額相当の違約金を請求することができる。

指定流通機構……不動産流通の円滑化、透明化を促進し、宅建業者間で広く物件情報交換することなどを目的に、国土交通大臣の指定を受け設立された不動産流通機構。その情報処理システムを REINS(Real Estate Information Network System) という。

3.　媒介契約の主な記載内容

　媒介契約の内容については、国土交通省がひな型 (標準媒介契約約款) を定めているが、主な記載事項は以下のとおり。

契約の形式	一般か専任か専属専任か
宅建業者の義務	成約に向けての努力義務・報告義務・登録義務・登録済証発行義務など
媒介に係る業務	業者が価格について意見を述べるとき根拠を明示しなければならないことや、契約成立時の書面交付など
違約金	専任媒介で依頼者が他業者媒介で成約した場合など
有効期間	3ヵ月以内。期間更新は文書による。
約定報酬金額	国土交通省の告示に従い媒介金額に対する上限料率内で定める。媒介金額が400万円超の場合、3%＋6万円に消費税等を加えた額が上限に相当する。上限内なら、料率を用いた計算式で記載しても、定額で記載しても、どちらも可能。
業者の約定報酬受領時期	宅建業法第37条に定める書面(通常は売買契約書)が業者から依頼者に交付された後でなければならない。国土交通省の指導により成約時と決済時に半金ずつ分けて授受することが多い。

4.　媒介契約の契約期間内解除

　相手方が義務を履行しない場合等、催告の上解除は可能であるが、専任、専属専任の場合で業者の責任によらない理由で依頼者から解除する場合には、業者から費用の償還を求められることがある。

⑦ 手付金とは

「手付金」とは売買契約の際、その証拠として支払われる金銭のこと。

1. 不動産売買代金の支払方法

通常日用品などを購入する場合、代金を一括で支払って物を受け取るのが一般的であるが、不動産は総額が大きいため、売買契約締結時に「手付金」を支払い、1～2ヵ月後の決済受渡し時に残代金を支払うことが多い。手付金の額は原則制限はないが、売買代金の5～20％くらいが一般的である。なお、決済までの期間が長い場合や、条件付きの契約である場合には「内金」や「中間金」を支払うケースもある。

なお「内金」「中間金」が売買代金の一部であるのに対し、「手付金」は売買代金そのものではないとされる。契約締結時に授受される手付金額は、残代金支払時にはじめて売買代金に充当される。

2. 手付金の効果

手付金の効果はその性格によって異なり、次の3つに分類できる。

(1)証約手付

契約が成立した証拠として授受される手付。以下の(2)(3)いずれの手付もこの効果を合わせ持つ。

(2)解約手付

当事者が放棄（または倍返し）することで契約を解除できる手付。買主、売主共に相手方が履行に着手する前であれば契約を解除する権利を持ち、買主は支払った手付金を放棄し、売主は受け取った手付金に、その同額を合わせた倍額を買主に支払う（手付金の倍返し）ことにより、理由のいかんにかかわらず契約の解除ができる。通常、手付金は解約手付であることが多く、契約時に特別に定めなかった場合は民法により解約手付と解される。

(3)違約手付

一般的には債務不履行の際の損害賠償の予定額として授受される手付。買主が債務不履行をした場合には売主に没収され、売主が債務不履行をした場合には買主は支払い済の手付金の返還と共に同額の違約金を請求できる。

3. 売主が宅地建物取引業者の場合の手付金の制限

売主が宅建業者で、買主が宅建業者でなく一般の買主の場合は、消費者保護の観点から売主は売買代金の20%を超える手付金を受領することはできない。この場合は解約手付と解され、買主は相手方が契約の履行に着手するまでは、これを放棄して契約を解除できる。そのほか、買主側の解除権を排除する特約等、買主の不利益となる特約は無効とされる。また以下の保全措置も義務付けられる。

4. 手付金の保全策

手付金は残代金支払い時に売買代金に充当されるが、その間はいわば無担保の預け金になり、保全策が必要な場合もある。
①売主が宅建業者の場合、一定額以上の手付金を受け取るときは保証機関による保全措置をとることが義務づけられている。ただし手付金が工事完了前未完成物件の場合で売買代金の5％以下かつ1,000万円以下であるとき、完成物件の場合で売買代金の10％以下かつ1,000万円以下であるとき等は例外として保全措置は不要。
②売主の信用に不安がある時など、手付金に質権設定したり、契約締結時に代金全額支払いと物件受渡し、所有権移転登記を一括で行う場合もある。

5. 申込金等との違い

分譲マンション等を購入する際、売買契約前に5万円から10万円程度の「申込金」や「予約金」を支払うことがある。これらは、購入の優先権の確保や意思確認のための預り金であって「手付金」ではなく、契約成立の際には手付金の一部に充当し、契約にいたらなかった場合は返還されるものである。

8 重要事項説明書とは

「重要事項説明書」とは、その取引をするか否か、その契約条件で問題ないかなどを買主や借主が判断することに重要な影響を及ぼす事項について、宅地建物取引業者（以下宅建業者という）が契約前に買主・借主に交付し説明する書面のこと（宅建業法第35条）。

1. 重要事項説明の意義

不動産は、物件ごとの個別性の強さや関係法令の多さ、権利関係や取引内容の複雑さなど、他の財産とは異なる特徴を持っており、不動産を取引する場合は、それらの特徴について十分調査・確認したうえで納得して契約する必要がある。しかし、通常不動産取引を経験することが少なく、知識も乏しい一般の消費者にとっては、これらの調査は容易ではない。そこで調査能力や不動産関連知識レベルの高い宅建業者が、一般消費者に代わりその物件や取引条件に関して調査し、説明することにより、買主や借主が重要な事実を理解しないまま知らずに取引し、多大な損害を被ることにならないように、この制度が定められた。

2. 重要事項説明の義務

取引に介在する宅建業者は、売買、交換、貸借の契約が成立するまでの間に、必要な調査等を行い、その結果を重要事項説明書として作成し、買主・借主に交付し、取引士に説明をさせなければならない。重要事項説明書には、十分調査し真実で誤りなく記載されていることの責任を明確にするため、説明する取引士が記名押印することや、説明の際取引士証を提示することが義務づけられている。また、説明に先立ち買主等の理解を深めるためあらかじめその全体像を説明しておくこと（重要事項事前説明書）や、必要があれば物件の現場で説明することが望ましいとされている。

3. 説明義務違反と宅建業法上の措置

宅建業者は、その相手方に対し「重要な事項」について、故意に事実を告げず、または不実のことを告げる行為は禁止されている(宅建業法第47条第1号)が、前述の重要事項の説明はその「重要な事項」の一つとされている。宅建業者が、重要事項について故意に告げなかったり真実でないことを伝えたりした場合は、宅建業法違反となり、重い罰則が科せられる。

4. 重要事項説明書の構成・項目例

重要事項説明書構成・項目の例は以下のとおり。その内容は大別すると「Ⅰ 対象となる宅地又は建物に直接関係する事項」と「Ⅱ 取引条件に関する事項」に分けられる。なお「Ⅲ その他の事項」は宅建業法第34条2項・第35条の2で義務付けられている項目。

重要事項説明の構成・項目
Ⅰ　対象となる宅地又は建物に直接関係する事項
1 登記記録に記録された事項(不動産の所在、構造、面積、所有者、権利関係等)
2 固定資産課税台帳に記載された事項
3 売主の表示と占有に関する事項
4 都市計画法、建築基準法等の法令に基づく制限の概要(※)
5 敷地と道路との関係、私道の負担に関する事項
6 飲用水・電気・ガスの供給施設及び排水施設の整備状況
7 以下の区域内か否か　・造成宅地防災区域　・土砂災害警戒区域　・津波災害警戒区域
8 建物に関する事項　・未完成物件の場合の完成時の形状、構造等　・建物状況調査　・書類の保存状況　・耐震診断　・住宅性能評価　・石綿使用調査
Ⅱ　取引条件に関する事項
1 売買代金に関する事項　・土地建物内訳　・消費税　・実測精算　等
2 代金、交換差金以外に授受される金額
3 契約の解除に関する事項
4 損害賠償額の予定又は違約金に関する事項
5 その他売買契約に関する事項　・境界　・瑕疵担保責任　・引き渡し方法
6 手付金等の保全措置の概要(宅地建物取引業者が自ら売主となる場合)
7 支払金又は預り金の保全措置の概要
8 金銭の貸借の斡旋
9 瑕疵担保責任の履行に関する措置の概要(住宅瑕疵担保履行法)
10 割賦販売に係る事項

Ⅲ　その他の事項
・取引の態様
・供託所等に関する説明
・その取引に関与する宅地建物取引業者及び宅地建物取引主任者の記載

　なお、上記の項目は、宅建業者が説明すべき最小限の事項を列挙したものである。これ以外にも契約締結にあたって当事者が合理的な判断を下すために必要と考えられる事項や、購入者等に不測の損害を与える恐れのある事項があれば、記載して説明する。

（※）宅建業法施行令第3条に列挙されている法令は、43頁参照。

9 瑕疵担保責任（改正民法における契約不適合）

1. 瑕疵から契約不適合へ

　本節の記述は、2020年4月に施行予定の改正民法以前（本節では「旧民法」という）に基づく契約に適用される記述である。改正後の民法では、「瑕疵」の代わりに「契約不適合」という概念が用いられ、用語や規定が異なるものとなるので注意を要する。詳細は第12章を読んでいただきたい。

2. 瑕疵とは

　瑕疵とは「欠陥」「キズ」のことで、以下のように分類される。

(1)**権利の瑕疵**

　取引された権利に関する欠陥。

(例) 購入物件の一部が他人のものであった、他人の抵当権が付着等

(2)**物の瑕疵**

①物理的な瑕疵

　目的物が通常有すべきとされる品質や性能についての欠陥。

(例) 雨漏り、白アリ被害、土地の不等沈下、地中埋設物等

②法律的な瑕疵

　買主が予定し売主に表示した使用目的に対する法的適性を欠いていた場合等。

(例) 住居の敷地とする目的を表示して買い受けた土地が都市計画道路の域内に存するため、建築が制限される等

③心理的な瑕疵・環境的な瑕疵

(例) 買ったマンションの部屋で前居住者が自殺をしていた、近隣に嫌悪施設(暴力団事務所)があることが分かった等

3. 瑕疵担保責任(旧民法)

　「瑕疵担保責任」とは、売買の対象である特定物に上記(2)の「物の瑕疵」が発見された場合に売主が負う責任のことをいう（旧民法第570条）。不動産は、特定物であるため、不動産の売買について

は瑕疵担保責任の規定の適用がある。なお、強制競売で購入した場合は、瑕疵担保責任の対象外となる（旧民法第570条ただし書。物の瑕疵以外の瑕疵については、旧民法第568条参照）。

瑕疵担保責任の対象となるのは、上記(2)の「物の瑕疵」のうち、契約時において、すでに存在していたが買主が認識しておらず、通常人が買主になった場合に普通の注意を払っても発見できないもの（いわゆる「隠れた瑕疵」）に限られる。このことから、買主が契約時に瑕疵を知っていた場合は、その責任を売主に請求することができない。そのため後日紛争にならないよう、売主は契約時までに不動産の状況を買主によく説明し、売買契約書の特約事項や重要事項説明書、物件状況報告書等に記載するなど、文書で明らかにしておくことが望ましい。

4. 責任の請求範囲(旧民法)

発見された瑕疵により買主が損害を被った場合、買主は、売主に対し損害賠償を請求できる。また、その瑕疵があることにより契約の目的が達成できないときは契約の解除をすることもできる（旧民法第570条、第566条第1項）。

5. 売主の責任期間と免除特約(旧民法、旧宅建業法)

旧民法では、買主が瑕疵を知った時の発見後から1年以内に損害賠償請求または契約の解除請求をしなくてはならないと規定している（旧民法第570条、第566条1項）。

しかしこれは、任意規定であるため、当事者間において、期間を限定したり売主が瑕疵担保責任を負わないものとする合意をしたりすることは可能である。実際の契約書では「引渡し後○年（以内に請求しなくてはならない）」としたり、古い建物の売買などで「売主の瑕疵担保責任を免除」としたりする例も見られる。

ただし、特約を合意した場合でも、売主が知りながら告げなかった事実については、その責任を免れることができない（旧民法第572条）。また、売主が事業者で買主が個人の場合は、消費者契約法により、売主の瑕疵担保に基づく損害賠償責任を全部免除する条項は、原則無効である（消費者契約法第8条第1項第5号）。またさ

らに、宅地建物取引業者が売主となる場合の責任の期間は、物件の引渡しの日から後2年以上とすることを除いて、民法に規定する内容よりも買主に不利な特約をつけることはできないとされている（宅地建物取引業法第40条。宅建業者間の取引については不適用となる（同法第78条第2項）。）。

　なお、民法改正に伴い、上記の消費者契約法及び宅建業法の規定上も、「その目的物の瑕疵」という文言が「その目的物が種類又は品質に関して契約の内容に適合しない場合におけるその不適合」との文言に置き換えられる（消費者契約法第8条第2項、宅地建物取引業法第40条）。

　〔参照〕☞消費者契約法と消費生活用製品安全法（119頁）

⑩ 住宅品質確保促進法その他

1. 住宅品質確保促進法(品確法)

　建物の基本構造部分等に関し、完成引渡し時から最低10年間、施工者または売主に対し瑕疵担保責任を負わせることなどを規定した法律。品確法による「瑕疵担保責任」は、新築住宅の構造耐力上主要な部分および雨水の浸入を防止する部分の瑕疵に限り適用されるので、それ以外の場所や中古住宅・土地のみの不動産に対する瑕疵担保責任または契約不適合責任については、前述した民法その他の規定によることになる。

　この法律は、これまで曖昧だった建築基準法に客観的な物差しを作り、住宅の強度や耐久性を高め、欠陥住宅を解消しようとするもので、(1)瑕疵担保責任の特例、(2)住宅性能表示制度の創設、(3)住宅にかかる紛争処理体制の整備の3つの骨組からなる。

(1)新築住宅の瑕疵担保責任に関する特例

　新築住宅の取得契約(請負/売買)時に、新築住宅の基本構造部に瑕疵(欠陥)が見つかった場合には、工務店や不動産業者に対して、引渡し(分譲住宅の場合は建築会社から売主への引渡し)の時から10年間、無料修補等を請求できる(特約により20年まで延長できる)。

<対象となる基本構造部分とは>
①構造耐力上主要な部分(A~I)
②雨水の浸入を防止する部分(J~L)

A	基礎	B	壁	C	柱
D	小屋組	E	土台	F	斜材
G	床版	H	屋根版	I	横架材
J	屋根	K	外壁	L	開口部

<対象となる新築建物>
①一戸建、アパート、マンション等住居用家屋または家屋の部分(これらは購入でも、建築してもよい)
②新築されてから1年を経過せず、誰も居住していない建物を取

得していること

(2)住宅性能表示制度の創設

①制度

　住宅の性能についての共通の基準(日本住宅性能表示基準)を定め、これに基づく等級を表示する制度。国土交通省に登録された第三者機関(登録住宅性能評価機関)が、申請に基づき評価方法基準に従って住宅の性能評価を行い、その結果を住宅性能評価書として交付する。新築住宅、既存住宅のどちらも対象となる。

②利用の手順

　住宅性能表示制度を利用し性能評価を受ける場合には、建築主か工務店、不動産業者のいずれかが、登録住宅性能評価機関に申し込む。申込み時には申請書、設計図面、評価費用が必要となる。また、性能評価の料金は評価機関ごとに独自に定められている。

　参考:日本住宅性能表示基準　性能表示10項目

　※新築住宅は下記全て。既存住宅は⑧が除外され「現況調査による劣化等の状況」が追加される。

①構造の安定　②火災時の安全　③劣化の軽減　④維持管理・更新への配慮
⑤温熱環境・エネルギー消費量　⑥空気環境　⑦光・視環境　⑧音環境
⑨高齢者への配慮　⑩防犯対策

(3)住宅に係る紛争処理体制の整備

　性能評価を受けた住宅に欠陥やトラブルが発生した場合に、裁判外の指定住宅紛争処理機関(全国の弁護士会に設置されている住宅紛争審査会)を通じて低コストで公正かつ迅速、円滑に紛争解決ができる。紛争処理の手数料は1件あたり1万円である。

2. 住宅瑕疵担保履行法

　正式には、「特定住宅瑕疵担保責任の履行の確保等に関する法律」という。新築住宅を供給する事業者(建設業者・宅建業者)に保証金の供託や保険への加入を義務付け、瑕疵が発見された場合にその補修を確実にすることを目的としたものである。仮に事業者が倒産した場合でも2,000万円を限度として国土交通大臣の指定する保険法人からの保険金ないし業者が積み立てた供託金により、補修費とその関連費用(仮住居費等も含む)がカバーされることになる。

3. アフターサービス規準

　宅建業者が新築のマンションや建売住宅を販売する場合、売主が自発的に補修をするアフターサービス規準を設けている。これは建物や設備の部位ごとに業者独自の保証期間を設け、建物完成または引渡し後一定期間内に起きた建物の不具合について補修交換等をすることを買主に約束するもの。業界団体でその規準を設けている。民法の瑕疵担保責任または契約不適合責任とは性格の異なる別個の規定であるから、売主は、アフターサービス規準があるからといって、これら民法上の責任を免責されるわけではない。

11 消費者契約法と消費生活用製品安全法

消費者保護に関する以下の2つの法律も、不動産取引とも関連しており、当事者は注意が必要となる。

1. 消費者契約法
「事業者」と「消費者」との間の情報の質・量・交渉力の格差に鑑み、「消費者」が「事業者」の不適切な行為に基づき結んだ契約を取り消すことを可能にし、不当な契約条項を無効とする法律。

- **事業者**……法人その他の団体および事業として、または事業のために契約の当事者となる場合における個人。株式会社などの法人事業者や個人で宅建業を営む者や個人のアパート経営者(大家さん)も事業者に該当する。
- **消費者**……上記以外で契約の当事者となる「個人」。
- **消費者契約**……「事業者」と「消費者」で締結される契約(第2条)。事業者同士や消費者同士の契約は対象外。

(1)不動産取引で消費者契約法の適用対象となる契約

不動産取引においても、以下のような契約は消費者契約法の適用対象となる。

①宅建業者を売主とする売買契約

②貸ビル、アパート、マンションなど貸家の経営者との賃貸借契約

③売買、交換、賃貸の斡旋を依頼する媒介契約

　　個人が事務所や店舗を賃借するために行う事業者との賃貸借契約は対象外である。

(2)取消可能な契約

事業者が勧誘に際して、以下のような一定の行為を行った結果、消費者が誤認・困惑して契約に至った場合は、消費者は意思表示の取消が可能である。

①消費者の誤認

- 不実告知(築10年の建物を築5年と説明する等)
- 断定的判断の提供(必ず値上がりする等)

・不利益事実の不告知…例えば、隣地に高い建物が建つ予定であることを、事業者が消費者に知らせずに日照・眺望良好物件として販売した場合、事業者の故意であればもちろん、重大な過失があった場合も取消の対象となる。

②消費者の困惑
・事業者の居座り（不退去）・消費者を拘束（監禁）・不安をあおる告知・恋愛感情等に乗じた人間関係の濫用（デート商法）・加齢等による判断力の低下の不当な利用・霊感等による知見を用いた告知(霊感商法)・契約締結前に債務の内容を実施(契約前にカスタマイズを実施して断れなくする等)

(3)無効となる条項
　　同法では、第8条から第10条で、消費者にとって不当であるとして以下の契約条項を無効としている。
①事業者の損害賠償責任を免除する条項等
②消費者の解除権を放棄させる条項等
③事業者に対して後見開始の審判等による解除権を付与する条項
④消費者が支払う損害賠償の額を予定する条項（平均的な損害額を超える部分や遅延損害金につき年利14.6%を超える部分）
⑤消費者の利益を一方的に害する条項

2. 消費生活用製品安全法

　　一般消費者の生命、身体への危害防止のため、特定製品の製造・販売を規制し、特定保守製品の適切な保守などを促進するための法律。特定保守製品が設置された住宅の不動産販売事業者等（取引事業者）には、引渡し時に買主に対し保守管理や所有者情報提供の必要性について説明する義務と特定製造事業者（メーカー）への所有者情報提供の協力義務がある。仲介業者(関連事業者)には、売主から買主へ特定保守製品の保守に関する情報が円滑に提供されるよう協力する責務がある。

特定保守製品
・屋内式ガス瞬間湯沸器(都市ガス用、ＬＰガス用)
・屋内式ガスふろがま(都市ガス用、ＬＰガス用)
・石油給湯機
・石油ふろがま
・密閉燃焼式石油温風暖房機
・ビルトイン式電気食器洗機
・浴室用電気乾燥機

12 隣接地を購入するメリット

　現在保有している土地の隣接地を購入すると、以下のようなメリットが生じる場合がある。その場合、通常の価格より高く購入しても採算があうこともあり、隣接地が売りに出た場合は、それを購入することのメリットについて検討してみる価値がある。

1. 隣接地を購入するメリット

　土地の所有者が、その隣接地を購入して合わせて一体で利用することで、次のようなメリットが生じる場合がある。

①土地の形状がよくなる

②規模が拡大し使用用途が多様化される

③街路条件がよくなる

④公法上の規制が緩和される

　特に以下の例のように、現在所有している土地の条件が悪く、隣接地と一体利用することによってその悪条件が解消される場合は、そのメリットは大きくなる

【例1】A地の所有者がB地を購入し一体利用することで下記のようなメリットが考えられる。

①土地形状が、現在の不整形から整形地になる。

②規模が大きくなることで、1フロアーの床面積が広い商業ビルやオフィスビル、マンションなどの建築が可能となり、より幅広い用途選択が可能となる。

【例1】

③街路条件が、現在の前面6m一方道路から、12m角地になることで幅員・系統等街路条件が良くなる。

④接面街路幅員が12mになるため、前面道路幅員による容積率制限が緩和され、また角地になることから建ぺい率も緩和される。

さらに、規模が拡大することで総合設計制度適用時に容積率の割増しなどが受けられる可能性もある。

【例2】A′地は道路に接していない無道路地であり、このままでは建物を建築できない。しかし、隣接地B′を購入・併合することにより建築基準法上の接道条件を満たし、建物建築が可能となる。

2. 隣接地を購入する場合の価格(限定価格)の考え方

自己所有地(a)の隣接地(b)を購入し併合することで、併合後の土地(c)の価格が併合前の(a)(b)それぞれの価格の合計より高くなる場合がある。〔(a)+(b)<(c)〕

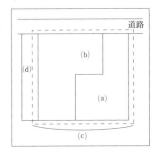

この価格の上昇は、前述したような一体利用によるメリットにより、土地の利用価値が上昇したことを反映している。

この価値の上昇〔(c)−((a)+(b))〕を「増分価値」という。

このような場合は隣接地(b)を、一般的な価格よりこの「増分価値」の分まで高い価格で買っても採算がとれることになる。つまり隣接地を購入する場合の価格の上限値は、通常の価格(b)に「増分価値」〔(c)−((a)+(b))〕を上乗せした価格、いわゆる限定価格となる。

購入価格上限値=(b) + 増分価値〔(c)−((a)+(b))〕

〔参照〕☞不動産鑑定評価書とは(142頁)

なお隣接地の一部を分割して購入するような場合で、隣接地の残りの土地が、(d)のように間口が狭くなるなどにより逆に価値が下がることがある。このような場合は一般的な価格に残地の減価分を上乗せした価格で購入せざるを得ないこともある。

⑬ 共有不動産の売却方法

　相続などが起こると、一つの不動産を親族数人で共有すること
になる場合がある。そのような共有不動産を売却する場合は、単
独の所有権と違い、その方法が制約される場合がある。

1. 共有とは

　共有とは2人以上の人(共有者)が同一物(共有物)を、○分の1
といった持分として共同で所有する状態のこと。各共有者はその
持分に応じて、共有物の全体を使用することや、いつでも共有物
の分割を請求することができる(民法第249条・第256条)。

　なお、一つの不動産を数人で共同所有する形には共有のほかに
次のような形態がある。

- 合有……各共有者が持分を持っているものの、持分の処分に制限が
  あったり分割請求できない共有形態。民法上の組合における組合財
  産に対する所有形態(民法第668条、第676条)などが該当。
- 総有……各共有者に持分すら認められないため、処分や分割請求も
  問題にならない共有形態。入会権(民法第263条)などが該当。
- 準共有……所有権以外の財産権(借地権など)を共有する状態を
  いう(民法第264条)。

2. 「共有」不動産の売却・換金の方法

　他人と共有している不動産について、単純に自己の共有持分の
みを第三者に売却する場合、他の共有者の承諾を得る必要はない
(担保権の設定や放棄なども同様)。しかし、共有不動産の変更(用
途変更や増築など)には他の共有者の同意が必要であることや(民
法第251条)、共有不動産の管理に関する事項(賃貸借契約の解除
など)は各共有者の持分価格の過半数により決するとされていること
(民法第252条)などから、共有者間の利害が対立する可能性があ
り、また単独所有の場合と比較すると取引関係が煩雑となる。そ
のため、このような複雑な共有の権利の買い手を実際に見付けるの

は、単独所有の場合と比べ困難といえ、換金性・流通性が弱くなる。

そこで、共有不動産を何らかの形で分割できれば売却・換金しやすくなる。共有不動産の分割は、分割請求を契機として全共有者間で協議が開始され、協議が調わないときは、分割を裁判所に請求できる。分割方法としては下記3つの方法が考えられる。

(1)現物による分割

共有者が共有不動産を物理的に分割して、各共有者がそれぞれの単独所有者となる方法。土地であれば、分筆し、各共有者は分筆されたそれぞれの土地の単独所有者となる。

(2)代金による分割

各共有者合意の上共有不動産を第三者に売却して、その代金を共有持分に応じて分配する方法。共有不動産が土地建物で構成されるなど、分割が難しい場合はこの方法になる。この方法の場合は、共有者全てがその不動産に対する所有権を失うことになる。

(3)価格賠償による分割

自己の共有持分を他の共有者に取得させて自分だけ共有関係から離脱する方法。他の共有者により自己の共有持分に対して価格賠償を受ける形式となるため、価格賠償による分割と呼ばれる。現物による分割が困難で、かつ他の共有者がその不動産の所有権を失いたくない場合には、この方法によることとなる。

3. 分割方法が限定される場合

共有不動産の状態により選択できる分割方法が限定される場合がある。共有不動産が更地であれば、共有持分割合に応じて分筆して分筆後の土地を単独で所有することも、一体で売却し代金を分けることも容易である。しかし、例えば相続で共有となった物件全体に、以前より親族の誰かが住宅を建築し居住しているような場合などは、分筆して一部を個別に売ったり、全体を第三者に売ったりすることが困難になる。その場合は、結局(3)の価格賠償による分割に限定されることになる。

〔参考文献〕藤田耕三・小川英明編『不動産訴訟の実務〔6訂版〕』(新日本法規)

第5章

建物の建築・リフォーム

① 建築する場合の手順とチェックポイント

住宅・オフィスビルなどの建物を建築する場合の手順は概ね以下のとおりである。

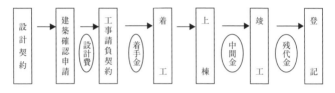

1. 建築の依頼

建物を建築するにあたっては、建築会社へ設計・建築を一括して依頼する方法と、設計を設計事務所へ、建築を建築会社へと分離して依頼する方法がある。

2. 建築の計画／資金計画／設計

建築費等は敷地や道路の状況によって大きな差異が生じる。形状・面積・方位、隣地や道路との高低差、公共施設（電気・水道・ガス等）の整備状況の確認等も建築にあたって大切なポイントとなるので、建築会社（場合により設計事務所）は法務局、役所での調査、現地調査を行う。建築に際し、金融機関の融資を活用する場合は、総予算、融資条件(期間、金利等)の打ち合わせを行い、資金計画を立てる。

敷地条件や建築基準法等を勘案しながら、設計者との間で間取り等の平面プランや工事の内容(構造、仕様、設備、外構、造園等)を話し合い、設計図面を作成してもらう。その後、建築会社へ見積書の作成を依頼のうえ、工事代金の支払い方法や時期を確認し、建築工事請負契約書等を取り交わす。

〔参照〕☞ 都市計画法・建築基準法に関する調査(26頁)
その他の調査必要法令と供給処理施設に関する調査(38頁)

3. 建築確認申請

　住宅・ビル等の建築物を建築する場合、着工前にその建築計画が、建築基準法をはじめとする関係法令に適合する建物であるかどうかを審査しなければならない（＝建築確認　建築基準法第6条）。建築確認申請とは、この建築計画を審査するために建築主事（各都道府県および人口25万人以上の市の吏員）や民間の指定確認検査機関に対して確認申請書を提出して申請することをいう。審査が完了し、確認済証が交付されると、着工が可能となる。

4. 着工

　工事着工前に現地で地縄を張るなどし、建物の配置の最終確認を行う。併せて工事の安全を祈願し安全祈願祭や地鎮祭を行うこともある。建物配置の確認後、地盤調査結果に基づいた基礎工事、躯体工事(建て方)、設備工事、内装工事、造作工事等が進められる。
・地盤調査……土地の地耐力と地層の分析を行い、独立基礎・杭基礎・ベタ基礎等、建物の基礎仕様を決定するための調査。軟弱地盤の場合には基礎杭を支持地盤まで到達させる必要があるが、支持地盤がかなり深いとコストが嵩むため、計画建物の規模によっては地盤改良工事による対処も選択肢の一つとなる。

5. 上棟

　建物の主要構造(柱、屋根等)が完成したときを上棟という。上棟とともに上棟式が行われることもある。鉄筋コンクリート造等のビルの場合においても、主要な構造が出来上がった際に上棟式が行われることがある。

6. 竣工

　工事が完了すると建築主が建築工事完了後4日以内に建築主事に完了検査申請を提出し、完了検査を経て検査済証の交付を受ける。
　また施主立会のもと竣工検査が行われ、何も問題がなければ、完成建物、設備等の取り扱いが説明された後、建築会社から鍵、完成引渡書、保証書、登記に必要な書類を受け取り引渡しが完了する。

7. 登記

　建物が引渡されると、表示の登記、およびその不動産が誰のものかを明確にさせるために所有権保存登記等を行う。この登記申請に必要な税金が登録免許税である。

2 マンションの建替え等の円滑化に関する法律とは

「マンションの建替え等の円滑化に関する法律（以下、マンション建替え法）」は、マンションの建替えが円滑にできるよう、2002年12月に施行され、2014年の大幅改正等、幾度に亘る改正を経て現在に至っている。これに加え、区分所有法改正等も行われたことで、マンションの建替えに関する諸制度の整備が急速に進んできた。

1. マンション建替え円滑化への要請

わが国の持ち家形態は、1960年代頃まで戸建住宅が一般的であったが、その後マンション供給が本格化した。国土交通省によれば、2018年には推定約655万戸のマンションが存在するとのことであり、マンションは都市部を中心に一般的なものとして普及したといえる。

一方で、初期に建築されたものは築後40年を迎え老朽化が懸念されるとともに、阪神淡路大震災や東日本大震災といった自然災害による被災マンションの問題等もあり、マンション建替えの円滑化が都市再生、居住環境向上並びに安全性強化等の観点から急務となってきた。

2. マンション建替え法の概要

マンション建替え法には、マンションの建替え等の円滑化を目的として以下のように、(1)建替組合が主体となって建替えを行う「マンション建替事業」、(2)マンション敷地を一度デベロッパー等の事業者へ売却して建替え事業を行う「マンション敷地売却制度」、(3)「容積率の緩和特例」等が規定されている。

(1)マンション建替事業の流れ

```
┌─────────────────────────┐
│      準備・検討・計画       │
└─────────────────────────┘
            ↓
┌─────────────────────────┐
│   建替え決議(区分所有法)    │
│ (4/5以上の多数により決議)  │
└─────────────────────────┘
            ↓
┌─────────────────────────┐
│  マンション建替組合の設立認可  │
└─────────────────────────┘
            ↓
┌─────────────────────────┐
│  反対区分所有者への受渡し請求  │
│    (時価での買い取り)      │
└─────────────────────────┘
            ↓
┌─────────────────────────┐
│   権利変換計画の決定・認可    │
└─────────────────────────┘
            ↓
┌─────────────────────────┐
│ 組合がマンションの権利を取得   │
└─────────────────────────┘
            ↓
┌─────────────────────────┐
│   組合による建替事業       │
└─────────────────────────┘
```

(2)マンション敷地売却の流れ(耐震性不足のマンションのみ適用可能)

準備・検討・計画

除却の必要性に係る認定
(耐震性不足の認定 ※1)

買受計画の認定 ※2

マンション敷地売却決議
(4/5以上の多数により決議)

マンション敷地売却組合の設立認可 ※2

反対区分所有者への売渡し請求
(時価での買い取り)

分配金取得計画の決定・認可 ※2

組合がマンションと敷地の権利を取得

買受人にマンションと敷地を売却

買受人がマンションを除却

買受人が再建マンション等を建設

(3)容積率の緩和特例(耐震性不足のマンションのみ適用可能)

　除却の必要性に係る認定(耐震性不足の認定 ※1)を受けたマンションの建替えにより新たに建築されるマンションで、一定の敷地面積を有し、市街地の環境の整備改善に資するものについて、特定行政庁の許可により容積率制限を緩和できるとされている。

　※1　特定行政庁が認定
　※2　都道府県知事又は市長が認定／認可

③ コンバージョンとは

「コンバージョン」とは「既存の建物を市場ニーズに合わせて用途変更すること」と解釈することができる。

用途変更により、建物に新たな価値を創出し再生することを意味し、本来の機能を回復するリニューアル、あるいは、同じ機能をより高度にするリノベーションとはこの点が異なる。

1. コンバージョンの必要性・意義

地域経済状況の変化によって、現在の建物の用途による収益性が劣ってきた場合、より収益性の高い用途への変更が検討されることがある。

例えば、賃貸用事務所ビルの供給過剰により、その地域においてホテルのほうが収益性が高ければ、その建物の用途について事務所ビルからホテルへのコンバージョンを検討することが考えられる。

あるいは、歴史的価値があるものの実質的に使用されていない建築物があった場合、これらを商業施設等にコンバージョンすれば、歴史的景観を維持しつつ地域の再活性化を図ることも期待できる。

コンバージョン自体は欧米では古くから行われており、その意味では特に新しい概念ではないが、これまで日本においては「不要となった建物は解体し、新たに必要なものを建築するスクラップ＆ビルド」の考えが主流であり、古い建物の再利用といった考えは希薄であった。

しかし、近年の人手不足に起因する建築費の高止まりやサステナビリティ（持続可能性）の観点から、既存建物の解体・新築よりも消費エネルギー・廃棄物の削減が可能なコンバージョンへの注目が高まっている。

このようにコンバージョンは、個別ビルの収益性向上から社会的メリットに至るまで、大きな意味を持っている。

2．コンバージョンのメリット

　コンバージョンは既存建物を活用するため、以下のようなメリットが期待できる。

・**工事費用が抑えられる**……通常、事務所ビルを居住用マンションに変更する工事費用は、新築する場合と比べて一般的により少ない費用で済むといわれている。

・**施工期間の短縮が可能**……建物の躯体は、必要な補強等を除きそのまま使用するので再オープンまでの工期が短い。これにより変化が激しい現代においても、ニーズがある建物をタイムリーに供給できる。

・**発生廃棄物が少なく環境負荷が小さい**……躯体は基本的に残すため、すべて解体する必要のある「建替え」よりも廃棄物や消費エネルギーが削減できる。

・**都市再生に資する**……用途変更により新たなニーズ・人の流れを呼び込むことになり地域活性化への寄与が期待できる。

・**物件価値の向上**……用途変更により収益性が向上した場合、当該建物の価値が向上することが期待できる。

3．コンバージョンの実施例

　コンバージョンの実施例としては、前述の事務所をホテルやマンションに用途変更する例のほか、倉庫を事務所や音楽スタジオに変更する例、企業所有の社宅を老人ホームに変更する例、工場を物流施設に変更する例など多彩な実施例が増えている。

　また、建物全体を用途変更する全体コンバージョンと、いくつかのフロアだけを用途変更する部分コンバージョンがある。

4．コンバージョンの問題点

(1)法規制との関係

　建物用途が変わることにより適用される法令や内容が異なることがある。よってコンバージョンにあたっては事前に十分な検討が必要となる。事務所ビルから住宅用途へのコンバージョンの場合を例に挙げると、事務所用途では必要のない採光・窓先空地などを住宅用途では考慮する必要がでてくる。

なお、コンバージョンを実施する際には、検査済証（建築工事の完了検査における合格証）の有無が重要となってくる。検査済証が無い場合でもコンバージョンは不可能ではないが、建物の遵法性を改めて確認する必要があるなど、難易度が上がることとなる。

(2)建物履歴の未整備

　コンバージョンしようとする建物は古いものが大半であり、耐震性能をはじめ修繕改修工事の内容の把握が必要であるが、それに必要な竣工図面や修繕履歴が整備されていないものが多い。

(3)借家人の立ち退き

　コンバージョンは、現在の借家人の立ち退きの後に用途変更を行って、新たな用途に基づく借家人を入居させることになるので、現在の借家人を立ち退かせなくてはならない。

(4)権利形態の変更

　コンバージョンに伴い、権利形態が変更されることがある。たとえば事務所ビルを区分所有建物に変更する場合などは一棟の建物所有権から区分所有権への登記の変更も必要になる。

第6章

不動産の価格査定

① 価格査定が必要な場合

①個別の不動産には公表された価格がない	②不動産は極めて個別性が強い	③不動産の価格は市場の変化により大きく変動する

⇩ +不動産は極めて高額な資産である

売買等の際には売主と買主の相反する利害を調整する必要が生じることも

⇩

不動産の専門家による価格査定が必要に

1. 売却時・購入時

不動産を売却する際には、宅地建物取引業者等が土地、中古住宅等の売買の媒介を行う時に、具体的な売出価格を決定する参考として妥当な市場価格の判定を行い、これを売主に助言することが多い。

売却不動産の所有者がいくらで売りたいかという売希望価格は必ずしも市場の実態を反映しているとは限らず、相当の期間（通常は3ヵ月間）では売却不可能なほど高額である場合には円滑な成約に結びつかない。

不動産の購入時にも妥当な買値（買希望価格、「指し値」）を把握するために価格査定を必要とするケースもある。この買値と売出価格との間で、売買価格が成立（成約価格）することとなる。

〔参照〕☞**不動産に関連するビジネスの専門家(198頁)**

2. 担保取得時・財団評価

金融機関が貸出債権の担保として不動産を徴求するときは、その不動産の担保価値を査定しなければならない。そもそも不動産担保取得の目的は、債務返済が滞った時にこれを売却処分して、その代金から債権を回収することにある。したがって、担保評価額を求めるに当たっては、まずその不動産の市場における売却可能価格を求めることになるが、これは上記1. の売買の場合と同様に妥当な市場価格の判定ということになる。そして、この売却可能価格に金融機関がそれぞれ設定している担保掛目を乗ずることで

担保評価額を求めることとなる。

　実際の担保評価作業は、金融機関が自社融資部門で行う場合、不動産調査専門の関係会社に委託する場合、外部の不動産鑑定業者に発注する場合など様々である。

　担保評価の一形態として工場財団等の財団評価があるが、単純な価格査定で足りるわけではなく、土地・建物・機械・設備等を一体とした評価を行うため、銀行等の債権者からは不動産鑑定士による財団評価が求められる。

　〔参照〕☞財団とは(172頁)

3. 資産価値の把握／国際会計基準対応

　企業が保有する不動産の資産価値の適時かつ適切な把握が、企業会計における①販売用不動産の強制評価減における時価や②固定資産の減損会計における正味売却価格、③賃貸等不動産の時価などの算定のため必要となっている。

　〔参照〕☞減損会計とは(210頁)

4. 関係会社間取引

　会社と会社役員間あるいは関係会社間等の不動産取引では、税務署に対して価格の適正さを立証する必要がある。固定資産税評価額等の公的評価が妥当な市場価格（時価）とは必ずしも認められない現状においては不動産の価格査定を行う必要がある。この場合、不動産鑑定評価による評価額が最も説得力を有する。

　〔参照〕☞不動産の価格は一物四価(140頁)

5. 法律等により不動産鑑定評価が必要とされている場合

　新会社設立に際し不動産を現物出資する場合やJ-REITが不動産を取得する場合など、各種法律やガイドライン等により、不動産鑑定評価基準に則った不動産鑑定評価を取得すべきとされている場合がある。

2 不動産の価格は一物四価

不動産の価格は「一物四価」とも「一物五価」ともいわれることがあるが、その理由は公的評価に加えて、鑑定評価額、実勢価格といった価格が存在するからである。

1. 公示価格・基準地価格

公示価格（公示地価）は毎年1月1日時点の土地の価格であり、3月下旬頃に国土交通省土地鑑定委員会より発表される。価格算定の対象となる地点を「標準地」といい、標準地ごとに1㎡当たりの価格が表示される。標準地は、その地域において利用状況、画地の大きさ、形状などが標準的なものが選ばれる。

一方、基準地価格（基準地価）は毎年7月1日時点の土地の価格であり、9月下旬頃に各都道府県知事より発表される。価格算定の対象地点を「基準地」という。

各地点の公示価格および基準地価格については、国土交通省ホームページ「土地総合情報システム」（http://www.land.mlit.go.jp/webland/）で検索可能。

2. 相続税路線価

相続税路線価は、相続税評価額を算定するための土地の価格を示したもので、市街地を中心として道路の一本一本に細かく設定されている。その価格は当該路線に面する標準的な土地の価格を表しており、個別の土地の評価額を求めるときは各種の補正が必要となる。

相続税路線価は毎年1月1日時点の価格であり、7月上旬頃に国税庁より発表される。その水準は公示価格等の80％を目安として決定されている。なお、各路線の相続税路線価は、国税庁ホームページ掲載の路線価図（http://www.rosenka.nta.go.jp/）で確認可能。

3. 固定資産税評価額

固定資産税評価額は、固定資産税、不動産取得税、登録免許税など不動産関連の税を課税する際の基礎となる評価額である。

固定資産税評価額は3年に1度、1月1日を評価時点として評価替えが行われ、その間の2年分については地価の下落傾向が続く場合には修正が加えられる。個々の評価額は公表されておらず、原則として所有者のみ知ることができる。その水準は公示価格等の70%を目安としている。

また、固定資産税についての路線価図も存在し、役所(資産税課など)で閲覧可能なほか、一般財団法人 資産評価システム研究センターが提供する「全国地価マップ」(https://www.chikamap.jp/)で確認することもできる。

種類	公示価格	基準地価格	相続税路線価	固定資産税評価額
準拠法	地価公示法	国土利用計画法	相続税法	地方税法
価格時点	毎年1月1日	毎年7月1日	毎年1月1日	3年毎に基準年をおき、その年の1月1日
公表時期	毎年3月下旬	毎年9月下旬	毎年7月上旬	4月頃に縦覧(原則所有者のみ)

4. 鑑定評価額

不動産は極めて個別性が強く、市場の変動によりその価格は大きく変動する。特に、収益性を重視する賃貸用不動産の評価をする場合などには、公的評価のみでは適正な市場価格を求めることは困難である。このため価格査定が必要となるのだが、様々な評価手段の中でも不動産鑑定評価により求める鑑定評価額が最も精度が高い。

〔参照〕☞不動産鑑定評価書とは(142頁)、不動産評価の三手法(144頁)

5. 実勢価格

実勢価格とは、実際に売買された取引価格のことである。個々の取引価格すべてが公開されるわけではないが、現実に取引された多数の価格から「相場」が形成されてくる。鑑定評価や価格査定はその相場の中で一つの適正価格を提示する作業といえる。

③ 不動産鑑定評価書とは

「不動産の鑑定評価書」とは不動産鑑定評価基準に則り、不動産鑑定評価作業における成果を書面としたもの。

1. 不動産の鑑定評価

　不動産の鑑定評価とは「不動産の鑑定評価に関する法律」に基づき不動産鑑定士という有資格者が、その対象である不動産の経済価値を判定し、これを貨幣額をもって表示することである。評価にあたっては、不動産鑑定評価基準に則り、対象不動産の最有効使用を判定し、鑑定評価の三手法によって価格、賃料を求める。なお、鑑定評価書へ表示された価格は価格時点においてのみ有効である。

・最有効使用……不動産鑑定評価基準では、「その不動産の効用が最高度に発揮される可能性に最も富む使用」と定義されている。現実の社会経済情勢の下で客観的にみて、良識と通常の使用能力を持つ人による合理的かつ合法的な最高最善の使用方法が前提とされている。

・価格時点……不動産の価格は日々変動しているため、不動産の鑑定評価を行うに当たっては不動産の価格の判定の基準日を確定する必要がある。この基準日を価格時点という。

〔参照〕☞不動産評価の三手法（144頁）

(1)不動産鑑定士

　不動産鑑定士とは、「不動産の鑑定評価に関する法律」に基づき、不動産鑑定士試験に合格し、実務修習を修了したことを認められ、国土交通省に備える不動産鑑定士名簿に氏名等登録された者である。同法律により不動産鑑定士（不動産鑑定士補を含む）以外のものが、不動産鑑定業者の業務に関し、不動産鑑定評価を行ってはならないとされ、不動産鑑定士は業務として不動産の鑑定評価を担当する者として、十分に能力のある専門家としての地位を法によって認められ付与されるものである。

　このため、不動産鑑定士は良心に従い誠実に不動産の鑑定評

価を行い、専門職業家として社会的信用を傷つけるような行為をしてはならないとともに、正当な理由なくして、その職務上取り扱ったことについて知り得た秘密を他に漏らしてはならない。

不動産鑑定評価書には、その不動産の鑑定評価を行った不動産鑑定士がその資格を表示して署名、押印を行う。

(2)不動産鑑定業

不動産鑑定業とは、自ら行うと他人を使用して行うとを問わず、他人の求めに応じ報酬を得て不動産の鑑定評価を業として行うことをいう。不動産鑑定業者は、その事務所ごとに専任の不動産鑑定士を一人以上置かなければならない。

2. 鑑定評価によって求める価格の種類

鑑定評価によって求める価格の種類には、以下のようなものがある。

正常価格	市場性を有する不動産について、現実の社会経済情勢下で合理的と考えられる条件を満たす市場で形成されるであろう市場価値を表示する適正な価格。
限定価格	市場性を有する不動産について、以下のような市場が相対的に限定される場合に求める価格。 ①借地権者が底地の併合を目的とする売買に関連する場合 ②隣接不動産の併合を目的とする売買に関連する場合 ③経済合理性に反する不動産の分割を前提とする売買に関連する場合
特定価格	市場性を有する不動産について、法令等による社会的要請を背景とする以下のような鑑定評価目的のもとで、正常価格の前提となる諸条件を満たさないことにより、正常価格と異なる価格となる場合に求める価格。 ①証券化対象不動産に係る評価目的の下で、投資家に示すための投資採算価値を表す価格を求める場合 ②民事再生法に基づく評価目的の下で、早期売却を前提とした価格を求める場合 ③会社更生法または民事再生法に基づく評価目的の下で、事業の継続を前提とした価格を求める場合
特殊価格	以下のような一般に市場性を有しない不動産について、その利用現況等を前提にその保存等に主眼をおいた鑑定評価を行う場合に求める価格。 ①文化財の指定を受けた建造物 ②宗教建造物 ③現況による管理を継続する公共公益施設の用に供されている不動産

④ 不動産評価の三手法

1. 価格の三面性と三手法

通常、物の価格は、

①その物ができるのにどれほどの費用がかかったか？（費用性）

②その物がいくらで売買されているか？（市場性）

③その物から今後得られる収益はどのくらいか？（収益性）

という3つの尺度で決まる。これが価格の三面性である。

不動産の価格を求める手法にも、この価格の三面性に応じて、

①当該不動産を造るに当たって必要な費用はいくらかという費用性を中心としたアプローチによる原価法

②当該不動産と類似の不動産の市場における取引事例を比較する市場性を中心としたアプローチによる取引事例比較法

③当該不動産から得られる収益がどのくらいかという収益性を中心としたアプローチによる収益還元法

の三手法がある。

〈三手法〉

これらの手法を適用して求められた価格をもとに最終的な価格を査定することになるが、実際の不動産市場では収益性が重視される場合もあれば、費用性が重視される場合もあるなど様々である。したがって、適用された手法の中でどの手法が対象不動産の価格形成に最も適合しているかを、採用した資料の精度などの観点と併せて検討を行い、価格を査定する必要がある。

〔参照〕☞不動産鑑定評価書とは（142頁）

2. 鑑定評価の三手法

(1)原価法

　原価法は、不動産を取得するための費用を中心として価格を求める手法で、対象不動産が土地と建物により構成されている複合不動産の場合に多く適用される。

　具体的には、まず建物について新築する場合に必要な費用（再調達原価）を算定する。次に建物の経過年数に応じた減価と物理的損傷、機能的陳腐化など実態を調査して判明した減価を査定し、この減価額を再調達原価から控除して建物の価格を算出する。この建物価格に土地の価格および通常の付帯費用を加算することにより複合不動産の原価法による価格が決定される。この原価法による価格は「積算価格」と呼ばれる。

　なお、対象不動産が土地のみの場合には、造成地や埋立地などその土地を造るのに要した費用が把握可能なときに限り適用され、既成市街地の更地の評価には適用されない。

(2)取引事例比較法

　取引事例比較法は、対象不動産と類似の不動産の取引事例を比較して価格を求める手法で、更地の場合に最もよく適用される。具体的には、まず対象不動産と似たような土地の取引事例を多数収集する。

　収集した事例の中には、相続などにより売り急いで安めに取引された事例や、逆に買主がその物件を特に気に入ったため高めに取引された事例など、特殊な事情がある場合もある。事例の選択の際には、このような特殊な事情のない事例を選ぶべきであるが、取引事例がその事情による影響を適切に補正（事情補正）することができるものであれば、そのような事例を選択することも許容される。

　また、取引事例が取引された時点は、依頼されている評価時点（価格時点）と異なることが通常であり、取引された時点から価格時点までの価格変動により、取引価格を修正（時点修正）する必要がある。これにより価格時点の価格としての比較が可能となる。

　さらに、取引事例の存する地域と対象不動産の存する地域を駅距離、住環境、繁華性などの要因（地域要因）により比較し、また、対象不動産が角地で有利か、不整形なため利用効率が劣らないかなどの要因（個別的要因）を判断して、取引事例比較法による価格が

決定される。この手法による価格は「比準価格」と呼ばれる。

〔参照〕☞価格に影響のある要因(148頁)

(3)収益還元法

収益還元法は、その不動産の持つ収益力を中心として価格を求める手法で、実際に稼動している賃貸ビル、賃貸マンションなどの賃貸用不動産に特に適している。

具体的には、対象不動産が将来生み出すであろうと期待される純収益を求めることにより対象不動産の価格を求めることになるが、価格を求める際の計算方法の違いにより、直接還元法とDCF法の2つに分けられる。この手法による価格は「収益価格」と呼ばれる。

なお、対象不動産が土地のみの場合でも、最有効使用の賃貸用建物を建築することを想定し、当該複合不動産が生み出すであろう純収益から想定建物に帰属する純収益を控除して土地に帰属する純収益を求め、土地の収益価格を求めることができる。

①直接還元法

直接還元法とは、対象不動産の一期間（通常1年間）の純収益を還元利回りによって割り戻すという1度の計算により直接的に収益価格を求める方法である(将来の収益や元本の変動予測については明示されず、還元利回りに含まれる)。

$$\text{収益価格} = \frac{\text{純収益}}{\text{還元利回り}}$$

対象不動産の純収益は、一般に1年を単位として総収益から総費用を差し引いて求める。対象不動産が賃貸用不動産の場合、賃料収入に保証金などの運用益、権利金などの運用益および償却額、駐車場使用料などのその他収入を加えた総収益から、維持管理費、公租公課（固定資産税、都市計画税など）、損害保険料などからなる総費用を差し引く。また、対象不動産が直営の店舗などの不動産の場合、その不動産により得られる売上高から、これに対応した売上原価や販売費および一般管理費などを差し引いて求める。

還元利回りは、一期間の純収益から対象不動産の価格を直接求

める際に使用される率であり、将来の収益に影響を与える要因の変動予測と予測に伴う不確実性を含むものである。還元利回りを求める際には比較可能な他の資産の収益性や金融市場における運用利回りと密接な関連があるので、その動向に留意しなければならない。また、地方別、用途的地域別、建物の用途別等によって異なる傾向を持つため、対象不動産に係る地域要因および個別的要因の分析を踏まえつつ適切に求めることが必要である。

〔参照〕☞ 価格に影響のある要因(148頁)

　還元利回りを求める方法には、ⓐ類似の不動産の取引事例との比較から求める方法、ⓑ借入金と自己資金に係る還元利回りから求める方法、ⓒ土地と建物に係る還元利回りから求める方法、ⓓ割引率との関係から求める方法などがある。

②DCF法

　直接還元法が一期間の純収益を把握して収益価格を求めるのに対し、DCF法は複数期間の純収益を明示したキャッシュフロー表を作成して収益価格を求めるものである。

〔参照〕☞ DCF法(160頁)

3. その他の手法

(1)開発法

　開発法は、マンションデベロッパーや戸建住宅分譲業者が開発用地を仕入れる場合の投資採算性に着目した手法であり、対象不動産の面積が近隣の標準的な土地の面積に比べて大きい場合に適している。開発法による価格は、マンション開発や宅地分譲等を想定し、販売総額から、建築費、販売管理費などを控除し、それぞれを価格時点に割り引いて求める。この手法によって求めた価格は上記三手法によって求めた価格の有力な検証手段となり得るものとされている。

(2)賃料を求める手法

　新規の賃料を求める手法にも、価格を求める三手法と同様に、積算法、賃貸事例比較法、収益分析法などがあり、不動産鑑定評価においてはこれらを適用して賃料を導き出す。

5 価格に影響のある要因

　不動産の価格に影響のある要因は、大きく①一般的要因、②地域要因、③個別的要因に分けられる。中でも地域要因、個別的要因は不動産鑑定評価上の取引事例比較法を適用する際の比較項目であるほか、収益還元法の適用に必要な賃貸事例、原価法の適用に必要な建設事例等の比較の際にも重要である。

〔参照〕☞不動産評価の三手法(144頁)

1. 一般的要因

　一般経済社会における不動産の使われ方や価格水準に影響を与える要因。
①自然的要因(気象条件、土壌、地勢等)
②社会的要因(人口・世帯の状態、不動産の取引慣行、生活様式等)
③経済的要因(GDP・物価水準、財政・金融の状態等)
④行政的要因(土地利用に関する計画・法規制、住宅政策、税制等)
　に大別される。

2. 地域要因

　不動産の用途が同質と認められるまとまりのある地域(用途的地域)における不動産の価格水準に影響を与える要因。

　用途的地域は、宅地地域、農地地域、林地地域等に大別され、その中で宅地地域はさらに住宅地域、商業地域、工業地域等に分けられる。

(1)住宅地域

　住宅地域の地域要因は居住の快適性および利便性に着目したもので、住環境(街並み、日照、地勢、眺望・景観等)、行政的条件(用途地域、容積率等)、交通機関・商店街・公共施設等への接近性、街路幅員などが比較項目として挙げられる。

(2)商業地域

　商業地域の地域要因は収益性に着目したもので、商業施設・業務施設の集積度、商業繁華性、行政的条件(用途地域、容積率等)、

交通機関等への接近性、街路幅員などが比較項目として挙げられる。

(3)工業地域

　工業地域の地域要因は費用の経済性および生産の効率性に着目したもので、輸送施設(幹線道路・鉄道・港湾・空港等)の整備状況、関連産業との位置関係、供給処理施設の整備状況、交通機関等への接近性、街路幅員などが比較項目として挙げられる。

3. 個別的要因

　不動産の価格について、その属する近隣地域における標準的使用を前提とする不動産の価格水準と比較して、個別的な差異を生じさせる要因。比較項目は以下のようなものが挙げられる。

(1)土地

　土地の地域要因および個別的要因の比較をする際、まずそれぞれの地域における個別的要因が標準的な土地(標準的画地)を設定して行うことも多い。比較項目には標準的画地と比べた増・減価要因がそれぞれある。

①接面道路との関係……通常、標準的画地としては一方が道路に接する土地を設定する。角地・準角地・二方路地・三方路地であれば増価要因。建築基準法上の道路に面していない土地であれば減価要因。

②画地条件……間口狭小・奥行長大・不整形地であれば減価要因。地積規模については、過大・過小ともに主として減価要因。

③その他……近くに嫌悪施設がある場合は減価要因。

(2)建物

　建築年月、面積、構造、材質、維持管理の状態などがある。

(3)建物およびその敷地

　土地、建物に関する個別的要因のほか、敷地内における建物・駐車場・通路・庭の配置など建物等と敷地との適応の状態がある。さらに賃貸用不動産の場合は、借主の状況および賃貸借契約の内容、貸室の稼動状況など賃貸経営管理の良否がある。

6 土地の簡易評価方法

土地の評価を不動産鑑定評価に拠らないで、簡便に行う方法を紹介する。

これは、対象不動産近隣の地価公示等の価格を基に、相続税路線価により比較し、修正することで簡易に価格を求める方法である。

1. 必要なデータの準備

(1)地価公示または都道府県地価調査

対象不動産と用途が類似している近隣の地価公示または都道府県地価調査の地点（以下公示地等という）を選定し、直近2年間の価格を調べる（以下公示価格等という）。

(2)相続税路線価の調査

対象不動産と上記で選定した公示地等の前面道路の相続税路線価（以下路線価という）を調べる。

〔参照〕☞不動産の価格は一物四価(140頁)

2. 算定方法

<計算式>

①時点修正

公示価格等の最新価格とその前年価格より過去1年間の変動率を算出し、これを基に公示価格等の価格時点 ※ から対象不動産の評価時点までの変動率（時点修正率）を算定する。

※ 公示価格等の価格時点……地価公示1月1日 地価調査7月1日

<計算式>

・過去1年間の地価変動率。

(最新価格－前年価格)÷ 前年価格 ×100＝1年間の変動率(%)

・評価時点までの変動率の査定

　1年間の変動率(%) × 期間(月) /12ヵ月＝時点修正率(%)

③路線価比

　公示地等と対象不動産の前面路線価の比率により、対象不動産周辺地域での標準的な土地の価格を求める。

②④個別格差

　個別格差とは周辺地域の標準的な土地と比べた場合の格差率のこと。角地や二方路はプラス評価に、土地の利用に制限がある場合はマイナス評価となる。②公示地等と④対象地それぞれに格差率を査定する。

〔参照〕☞ 価格に影響のある要因(148頁)

（算定例）

> 想定条件
> ●評価対象地の概要
> 土地面積：330㎡／ 土地の形状：長方形
> 前面道路の幅員：4m市道・4m市道(角地)
> 評価時点：○○年11月1日現在
> 個別格差：角地+5%
> ●価格データ(いずれも㎡単価)
> ①近隣の地価公示地○○年価格：100千円／㎡ 前年価格：95千円／㎡
> 　個別格差：0%　時点修正：(100−95)÷95×10/12≒+4%
> ②対象地の前面路線価 120千円／㎡(複数ある場合は高い方を選択)
> ③地価公示地の前面路線価 80千円／㎡

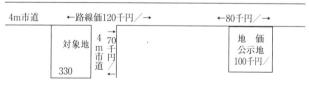

<計算式>

| 地価公示 | ①時点修正 | ②公示地等の
個別格差 | ③路線価比 | ④対象地の
個別格差 | 単価 |

100千円／㎡ × ①(100+4)／100× ②100／100× ③120／80× ④105／100≒164千円／㎡

　　　　　　単価　　　　　面積　　対象地の価格
　　　　164千円／㎡ × 330㎡ ≒ 54,120千円

7 建物の評価

1. 建物の評価方法

鑑定評価における建物の評価は、下記の三手法に基づく価格のうち積算価格を重視して行う。なお、実務では取引事例比較法は通常使用していない。

①原価法(積算価格)

②取引事例比較法(配分法に基づく比準価格)

③収益還元法(建物残余法に基づく収益価格)

〔参照〕☞ 不動産評価の三手法(144頁)

また、土地建物一体の価格をもとに建物に帰属する額を配分(例えば、土地建物一体の価格に建物の価格構成割合を乗じるなど)した額を標準として鑑定評価額とすることもできる。

2. 原価法による評価

原価法を使った評価では以下の式によって評価額を求める。

$$\boxed{建物の価格 = 再調達原価 - 減価額}$$

まず対象建物の再調達原価を求め、これから査定した減価額を差し引いて求める。

(1)再調達原価の求め方

・再調達原価……対象不動産を現在新たに建築するためにはいくらかかるか、その費用の総額のこと。

再調達原価を求める方法には直接法と間接法がある。

・直接法……対象建物の建築した当時の資料を基に、時点修正等を行い、評価する方法。対象建物の実際の建築費を基に費用の総額を求める方法である。

・間接法……対象建物と類似する他の建物の建築費から時点修正を行い、さらに地域の違い、建物の規模・仕様・数量等の違いを修正して求める方法。

(2)減価額の求め方

・減価修正……減価の要因(破損、老朽化、設計の不良など)に基づ

き減価要因を修復する費用として発生した額を分析・判断し、その価額を再調達原価から控除して建物の積算価格を求めること。

減価修正には、耐用年数に基づく方法と観察減価法の二つの方法があり、これらを併用する。

① 耐用年数に基づく方法

耐用年数に基づく方法には定額法と定率法の二つがある。

・**定額法**……耐用年数の全期間にわたって減価額が一定であるという前提に基づき減価額を求める方法。

・**定率法**……毎年一定の割合で減価していくという前提で減価額を求める方法。

実務においては、まず対象建物を躯体（本体部分）と仕上げ（内外装部分）と設備（給排水、空調等の部分）に分け、それぞれの経済的残存耐用年数（あと何年くらい経済的にもつか）を査定する。経済的残存耐用年数の判断は、新築としての耐用年数と経過年数等を勘案して行う。躯体の耐用年数は用途・構造などによって異なるが、例えば鉄筋コンクリート造のオフィスビルでは45～60年程度、仕上げは25～30年程度、設備は15年程度、とすることが多い。

（定額法による減価額の算出例）

> 想定条件
> 鉄筋コンクリート造のオフィスビル（築後5年）
> 再調達原価：10億円（残価率は考えないものとする）
> 躯体（割合40％、経済的残存耐用年数45年）、仕上げ（同30％、同25年）、設備（同30％、同10年）

減価額＝10億円 × |40％ ×5年／（5年 +45年）+30％ ×5年／（5年 +25年）+30％ ×5年／（5年 +10年）|＝1.9億円

② 観察減価法

観察減価法とは、破損、補修の状況や機能の陳腐化等その実態を目視等により調査することで、減価額を直接求める方法である。

3. 建物残余法による評価

土地・建物一体から生ずる純収益から土地に帰属する純収益を控除して、建物に帰属する純収益を求めて還元利回りにより還元し、建物の収益価格を求める。

〔参照〕☞ 不動産評価の三手法（128頁）

8 貸家の評価

　建物を所有者以外の者に賃貸している場合、借家人がいること
を考慮する必要があり、評価額は、自用の建物と比べて、低くなる
ことが多い。ただし、投資対象として市場性があり、エリアや建
物のスペック等に優れ、賃貸需要の見込める物件は、自用の建物
よりも評価額が高くなることもある。

1. 貸家の価格に影響のある要因

①借家権による借家人の保護

　建物を賃貸すると、その契約期間中は借家人の地位は、借地借
家法により法的に保護される(減価要因)。

②立退料の発生

　貸主がその建物を自分で使用、もしくは、取り壊して新しい建物
を建設しようとする場合、賃貸人は借家人に対して交渉が必要とな
り、立退料の支払いが発生することがある(減価要因)。

③賃料変動の遅行性

　経過した賃貸借期間が長い場合には賃料が新規賃料に比べて
低水準(減価要因)、あるいは、高水準(増価要因)に留まっている
場合がある。

2. 評価方法

(1)鑑定評価での考え方

　賃貸に供されている物件は「貸家及びその敷地」(以下「貸家」と
いう)という区分に属し、賃貸されている建物と敷地を一体として評
価する。

　貸家の評価は、収益価格を標準として、積算価格と比準価格を
比較考量して鑑定評価額を決定することとされている。

(2)簡易評価手法

　自用の物件の評価に当たっては、土地、建物の価格をそれぞれ
簡易に査定し、それらを合算して土地と建物一体の価格を求める

こともできる。

〔参照〕☞ 土地の簡易評価方法(150頁)、建物の評価(152頁)

　一方、貸家の評価に当たっては、(1)のとおり、収益還元法を用いるのが原則であるが、簡便法として、以下のような手順に従い、借家人がいることによる減価をそれぞれ考慮した建物、土地の価格を求め、それらを合算して評価することもできる。

①建物について

　まず建物の積算価格を求め、その価格から借家権価格相当額を控除する。借家権価格相当額は、建物の積算価格に借家権割合を乗じて求める。借家権割合は地域ごとに指定されているが、国税庁の財産評価基準書によると全地域で30％となっている(2019年7月現在)。

②土地について

　貸家に供されている土地の価格は、土地価格(更地価格)から敷地利用権価格相当額を控除して求める。敷地利用権価格相当額は、土地価格×(借地権割合×借家権割合)を目安として求める。なお、借地権割合は国税庁の財産評価基準書(路線価図・評価倍率表)記載の借地権割合を参考にする。

　　土地価格−土地価格 × 借地権割合 × 借家権割合

　　　　＝土地価格 ×(1−借地権割合 × 借家権割合)

③貸家およびその敷地の価格

　上記①と②により求めた、建物と土地の評価額を合算して求める。

（算定例）

想定条件
建物1億円・土地3億円の建物を賃貸している(借地権割合：60％)

---

①賃貸用建物の評価額 = 1億−(1億 ×30％) ＝7,000万円

②貸家の敷地価格 = 3億 ×(1−60％ ×30％) = 2億4,600万円

③7,000万円＋2億4,600万円＝3億1,600万円

(3)賃貸ビルなどの評価

　投資対象として取引されることが多い賃貸ビルなどについては、(2)の手法ではなく、実際に得られている賃料を重視し、収益還元法によって求めた価格を中心に求めるほうが適切である。

⑨ 借地権の評価

　借地人の権利である借地権の評価は以下の点に留意して行う。

1. 借地権価格の存否

　借地権とは「建物の所有を目的とする地上権または賃借権」であり、建物が存することが前提となる。借地権が存在していても価格が発生しているかどうかは、借地権を売買する慣行がその地域にあるかどうかによる。「借地権の売買慣行」の存否は、相続税路線価や倍率表に借地権割合が表示されているか否かが手掛かりとなる。また、借地権単独では売買されないが、借地権付建物は売買される地域もある。

　〔参照〕☞不動産に関する権利…物権(10頁)

2. 借地権価格発生の理由

　借地権に価格(すなわち借地人に帰属する経済価値)が発生する理由は、①土地を長期間独占的に占有し、使用収益し得る安定的利益に対する経済価値、②土地を長期間借りている間に、土地の価格時点における経済価値に即応した地代と実際に支払っている地代との間に差額が生じる場合が多く、その差額が将来に渡って持続する期間を基礎として成り立つ経済的価値、すなわち「借り得部分」があるから、とされている。したがって借地契約上、借地人にとって不安定な条項がある場合や、地代が土地の経済価値に即応した地代に更新されている場合は借地権に価格は発生しないこともある。

3. 借地権価格の評価方法

　(借地権の取引慣行がある地域の) 借地権の評価方法は、鑑定評価においては下記の①②③④により求めた価格を関連づけて決定することとされている。〔参照〕☞不動産評価の三手法(144頁)

①取引事例比較法……借地権及び借地権付建物の取引事例を収

集して比較する方法

②土地残余法……「借地権残余法」ともいう。対象借地に最有効使
用の賃貸用建物を建築することを想定し、その総収益から地代を含む
総費用を控除して土地・建物一体としての純収益を求め、これから建
物に帰属する純収益を控除して借地権に帰属する純収益を求め、
これを還元して借地権の収益価格を求める方法

③賃料差額還元法……土地の経済価値に即応した地代と実際に
支払っている地代の差額、すなわち「借り得部分」を還元して借地
権価格を求める方法

④借地権割合により求める方法……更地価格に当該地域で一般的
に採用されている借地権割合（相続税路線価図等に表示されて
いる借地権割合が目安）を乗じて求める方法

（算出例）
想定条件　借地面積：300㎡・更地価格：60万円／㎡（建替承諾料等
は考慮外）
①借地権取引事例価格：55万円／㎡・事例周辺地域と対象不動産周
辺地域との格差：+5%・対象不動産の個別要因：△10%
②一体としての純収益：2,140万円・建物に帰属する純収益：1,440万円・
借地権還元利回り：5%
③賃料差額：経済価値即応地代1,050万円−支払地代420万円＝630
万円・借地権取引熟成度：100%・還元利回り：5%
④借地権割合：65%

〈計算式〉
①取引事例比較法
　　取引価格／㎡　地域要因の比較　個別的要因の比較　　比準価格
　55万円　　×100／105　　×90／100×300㎡÷14,100万円（47万円／㎡）
②土地残余法
　借地に帰属する純収益＝2,140万円−1,440万円＝700万円
　　　　　　借地権還元利回り　収益価格
　700万円　÷　5%　＝　14,000万円（47万円／㎡）
③賃料差額還元法
　賃料差額　借地権取引熟成度　還元利回り
　630万円　×　100／100　÷　5%　　＝12,600万円（42万円／㎡）
④借地権割合法
　　更地価格　　　借地権割合
　18,000万円 ×　65%　　　＝　11,700万円（39万円／㎡）

⑩ 定期借地権の評価

1. 定期借地権の特徴

定期借地権は1992年8月に改正・施行された借地借家法の中で創設された制度である。この制度は、更新がなく、定められた契約期間で借地関係が終了することが特徴である。

このような特徴から、定期借地権の価格の評価は、通常の借地権の評価とは手法が異なってくる。

〔参照〕☞ 不動産に関する権利…物権(10頁)

2. 定期借地権の評価方法

普通借地権との違いは利用期間が限定されることなので、定期借地権の価格は、普通借地権の価格よりも通常は低くなると考えられる。

定期借地権の評価の実務においては、税務上の「財産評価基本通達」による評価方法を用いることが多い。

(1)「財産評価基本通達」による評価方法

「財産評価基本通達」によれば、「定期借地権等の価額は、原則として、課税時期において借地権者に帰属する経済的利益及びその存続期間を基として評定した価額によって評価する」として「その定期借地権等の目的となっている宅地の課税時期における自用地としての価額に、次の算式により計算した数値を乗じて計算した金額によって評価する」とされている。

(2)「財産評価基本通達」による算式

定期借地権の算定(算式1)

| 自用地としての価額 | × | 定期借地権等の設定の時における借地権者に帰属する経済的利益の総額(注1) / 定期借地権等の設定の時におけるその宅地の通常の取引価額 | × | 課税時期におけるその定期借地権等の残存期間年数に応ずる基準年利率による複利年金現価率 / 定期借地権等の設定期間年数に応ずる基準年利率による複利年金現価率 |

(注1) 借地権者に帰属する経済的利益の総額……①権利金・礼金

等借地契約の終了時に返還を要しない一時金、②保証金・敷金等借地契約の終了時に返還を要する一時金から当該一時金の複利現価を控除した額、③差額地代の複利年金現価の合計額をいう（①＋②＋③）。

3. 一般定期借地権の簡易評価

定期借地権の評価は、原則として上記の方法によるとされているが、一般定期借地権（期間50年以上。満了時に建物取壊しの上明渡し）の目的となっている宅地の評価として、控除する一般定期借地権の評価額については、以下の算式により簡易に評価することが国税庁通達により認められている。

〔参照〕☞不動産に関する権利…債権(15頁)

一般定期借地権の算定(算式2)

自用地としての価額	×	1−底地割合 (注2)	×	課税時期における一般定期借地権の残存期間年数に応ずる基準年利率による複利年金現価率 / 一般定期借地権の設定期間年数に応ずる基準年利率による複利年金現価率

(注2) 底地割合……一般定期借地権の目的となっている宅地のその設定時における価額が、その宅地の自用地としての価額に占める割合をいう。通達では、相続税路線価図等に表示されている借地権割合に応じて、以下の通り底地割合が定められている。

〔参照〕☞不動産の価格は一物四価(140頁)

借地権割合	底地割合
70%	55%
60%	60%
50%	65%
40%	70%
30%	75%

11 DCF法

「DCF（Discounted Cash Flow）法」は前述の収益還元法の一つ
で、連続する複数の期間（精度の高い予測ができる期間、保有期間）
に発生する純収益および保有期間満了時の復帰価格をその発生時
期に応じて現在価値に割引き、合計して評価額を求める手法のこ
と。

　DCF法においては、毎期の純収益やその発生時期が明示され
る。証券化対象不動産の鑑定評価において収益価格を求めるに当
たっては、投資家等を保護する観点から、DCF法を適用しなけれ
ばならないとされている。

― <基本式> ―

$$\text{収益価格} = \sum_{k=1}^{n^{(注1)}} \frac{a_k^{(注2)}}{(1+\text{割引率})^k} + \frac{\text{復帰価格}^{(注3)}}{(1+\text{割引率})^n}$$

（注1）n：保有期間
（注2）a_k：毎期の純収益
（注3）復帰価格＝転売価格－売却費用

1. 割引(Discount) とは

　同額の収益であれば将来時点の収益は現時点の収益と比べその
価値は低い。すなわち、将来の収益を受け取るまで待つことに対
する見返りとそれに伴うリスクを価格に反映させることが必要とな
る。将来収益を現在価値に変換することを割引と呼び、割引くため
の利回りとして割引率（収益率）が使われる。

2. 割引率の求め方

　割引率の求め方には以下のような手法がある。

(1)類似の不動産の取引事例との比較から求める方法

　対象不動産と類似の不動産の取引事例を分析して求められた
IRRをもとに、取引時点及び取引事情並びに地域要因および個別

的要因の違いに応じた補正を行うことにより対象不動産に適用する
割引率を求める。

・IRR（Internal Rate of Return）……内部収益率。取得価格（初期
　投資額）が決まっている場合に当該価格（初期投資額）と対象不
　動産から将来得られるキャッシュフローの現在価値の合計を等し
　くする割引率

〔参照〕☞ 不動産に関する利回り（194頁）

(2)借入金と自己資金に係る割引率から求める方法

　対象不動産取得の際の資金調達上の構成要素（借入金および自己
資金）に係る各割引率を各々の構成割合により加重平均して求める。

> 割引率＝借入金割引率 × 借入金割合＋自己資金割引率 × 自己資金割合

(3)金融資産の利回りに不動産の個別性を加味して求める方法

　債券等の金融資産の利回りをもとに、対象不動産の投資対象と
しての危険性、非流動性、管理の困難性、資産としての安全性等
の個別性を加味することにより求める。

> 割引率＝安定した投資商品の利回り＋不動産のリスクプレミアム
> 　　　　＋対象不動産個別のリスクプレミアム

3. DCF法の収益費用項目

　DCF法適用の過程を統一・明確化するため、不動産鑑定評価
基準では、毎期の純収益を求めるに当たっての収益費用項目を以
下のとおり定義付けている。

(1)運営収益：貸室賃料収入、共益費収入、水道光熱費収入、駐
　車場収入、その他収入（看板・自動販売機等の施設設置料等）、
　空室等損失、貸倒れ損失

(2)運営費用：維持管理費、水道光熱費、修繕費、プロパティマネジ
　メントフィー、テナント募集費用等、公租公課、損害保険料

(3)純収益：上記運営収益から運営費用を控除した運営純収益に一
　時金（敷金等）の運用益を加算し、資本的支出（修理・改良費のう
　ち建物・設備そのものの価値を高めたり、耐久性を増したりする
　支出）を控除した額

〈算定例〉

> 想定条件
> 対象不動産を5年間保有し5年目の末に転売することを想定
> 予想キャッシュフローは以下の表のとおり。
> 転売価格は直接還元法により求める。
> 〔参照〕☞ 不動産評価の三手法(144頁)
> 転売費用はゼロ
> 割引率は5%、最終還元利回りは6%とする

	1年目	2年目	3年目	4年目	5年目	6年目
総収入(a)	100	105	105	110	105	115
総費用(b)	30	31	32	32	33	33
純収入(c=a-b)	70	74	73	78	72	82
転売価格(c′) (6年目の c／ 最終還元利回り)						82/6%= 1,367
複利現価率[d= 1／(1+割引率)^n] n：保有年数	1/(1+5%) =0.9524	1/(1+5%)^2 =0.9070	1/(1+5%)^3 =0.8638	1/(1+5%)^4 =0.8227	1/(1+5%)^5 =0.7835	1/(1+5%)^5 =0.7835
期間収入・転売価格 の現価(c×d)	67	67	63	64	56	(c′×d) 1,071

〈計算式〉

DCFによる収益価格＝期間収入の現価の合計＋転売価格の現価

　　＝(67＋67＋63＋64＋56)＋(1,071)＝ 1,388

第 7 章

不動産担保

1 担保とは

「担保」とは、相手方（債務者）の債務不履行に備えて債務の弁済を確保するための債権保全手段のこと。

金融機関等の債権者は、債務者から担保の提供を受けることで、債権回収の確実性を高めることができる。

一般的に、担保には「物的担保」と「人的担保」がある。

1. 物的担保

他の債権者に先立って優先的に配当を受ける権利を確保したり、間接的に債務履行を強制したりするために物や権利などを目的物とした担保のこと。法定要件を満たせば自動的に発効する法定担保物権と、当事者間の契約に基づく約定担保物権がある。

(1)法定担保物権

①留置権……民法で規定される民事留置権や商法で規定される商事留置権が代表的である。民事留置権を例にとると、時計の修理をした業者は修理代金を回収するまで当該修理品を留置し、引渡しを拒むことができる。このように留置権には物の留置によって債務者の弁済を間接的に強制する効果がある。

②先取特権……例えば、給与など一定の債権には他の債権者に優先して弁済を受ける権利が規定されており、これを先取特権という。先取特権の優先順位は、租税公課など特別法に基づく債権の先取特権に次いで、民法に基づく特別の先取特権である動産の先取特権や不動産の先取特権、そして一般の先取特権と続く。一般の先取特権には各債権者の共同利益のために為した共益の費用、給与などの雇用関係に基づく債権、葬式の費用、日用品の供給が順に挙げられる。

(2)約定担保物権

①抵当権……抵当権者（債権者）は担保の目的物である不動産等に抵当権を設定する契約をすることで、その不動産からの優先弁済権を確保する。万一債務不履行の場合は、債権者はその不

動産を売却し換価代金から優先的に弁済を受けることができる。不動産のほかにも、船舶・航空機や工場財団など登記によって公示できるものには抵当権を設定でき、抵当権設定者（債務者等）は引き続き担保の目的物を占有する権利が認められる。

また、抵当権の一種である根抵当権ではあらかじめ一定の極度額を定め、その範囲内で債権を担保することができる。抵当権とは異なり、被担保債権が消滅しても根抵当権は消滅しない。企業間の商取引や銀行取引は反復継続することが多く、継続的に発生する不特定多数の債権の担保に対応したもので、根抵当権により担保される債権は下記の@〜@が規定されている。

@特定の継続的取引から生ずるもの

@一定の種類の取引から生ずるもの

@特定の原因により継続的に生ずる債権

@手形上または小切手上の請求権

②質権……動産と不動産のどちらでも設定ができるが、設定契約を結ぶとともに担保の目的物を質権者（債権者）に引き渡すことが設定の要件となる（要物契約）。このため債務者は目的物を引き続き占有を続けることができなくなる点が抵当権と異なる。債権者は弁済があるまでこの目的物を自ら留置して間接的に弁済を強制するとともに、債務が弁済されない場合はその目的物を換価して優先弁済を受けることができる。質権は登記による公示ができないものでも目的物とすることができるため、火災保険金請求権などの権利でも質権の対象とすることができる。

〔参照〕☞財団とは(172頁)

2. 人的担保

債務を保証し、債務不履行の際は保証人である個人や法人などが債権者に代わり債務を弁済する制度で、保証契約を結ぶことにより成立する。通常の保証契約（単純保証）では保証人が債権者から弁済を請求された場合には、まず主たる債務者に催告するように請求する抗弁権が認められているが、連帯保証の場合はこの抗弁権が認められない。また、保証人が弁済したときは、主たる債務者に求償することができる。

② 担保設定時の注意事項

以下では不動産に設定されることが多い抵当権を中心に、担保を設定する際の注意事項をみていく。

1. 物的担保

(1)担保設定時の注意事項

①抵当権の設定

抵当権の設定は処分行為であるため、設定者は、目的不動産の処分権限を持っていなければならない。そのため、目的となる不動産の真の所有者と抵当権設定契約を結んでいるか、相手方は行為能力を制限されていないか等に注意を払う。

また、被担保債権額よりも担保となる不動産の価値が低い場合などでは第三者の不動産にも抵当権を設定することがある。これを物上保証人という。この場合、物上保証人の担保提供意思の確認が重要で、後になって争いにならないように面前で自署してもらうなどの配慮が必要である。

②登記事項証明書等の調査

不動産とは土地とその定着物（建物など）をいうが、抵当権等を設定する場合には、所有者等の権利関係や抵当権の状況などについて土地、建物それぞれの登記事項証明書を調査し、先順位の抵当権、根抵当権がどれだけ設定されているのか確認する。

合わせて、建物の検査済み証の有無も確認する必要がある。

③現地調査

不動産の調査は、登記簿等の役所調査も大切であるが、現地に行って実際に対象不動産を確認することも大切である。建物については増築・滅失などで現況と登記が異なっていないかどうか、土地については道路との接道状況（接道する道路が建築基準法上の道路か否か、接道する間口、道路幅員など）や地形（整形、不整形の別）、隣地との状況などを現地に行って実際に確認しなければならない。また、工場やクリーニング店など化学薬品を使用する

可能性がある場合は、土壌汚染の状況も考慮しなければならない。

(2)担保適格性

目的となる不動産の評価額の査定については、実際に処分可能な価格を慎重に吟味する必要がある。投資用の収益物件などではＤＣＦ法を用いた検証も行われている。その前提として、担保不動産としては以下の要件を備えている必要がある。

①安全性

所有権の争いや、建築・利用・譲渡等に支障をきたす法令上の規制、崖崩れの危険といった管理上の問題など、管理や換価処分を困難にするような事情のない安全な不動産であること。

②市場性

接面道路を有しない土地や虫食い状態の土地、あるいは特殊な茶室や進入路のない山林など、換価処分が困難で流動性を有しない不動産ではないこと。

③確実性

賃料が周辺相場より大幅に高く将来的な収益の安定性が見込めない不動産や、償却資産の割合が非常に多く経過年数による価値の損耗が激しいものなど、収入や価値の確実性が低い不動産ではないこと。

(3)優先弁済の順位

抵当権の第三者対抗要件は登記である。また、他の抵当権者との関係では優先弁済を受ける権利は登記の順序によって優劣が決まるのが原則である。そのため、先順位の設定総額が担保評価額を上回っている場合には、抵当権を行使して当該不動産を売却しても売却代金が先順位債権に優先して弁済され、担保不動産からの債権回収がほとんど期待できないことがある。

〔参照〕☞ＤＣＦ法(160頁)

2. 人的担保

保証契約を締結する保証人の要件として、行為能力者であり、弁済する資力を有していなければならない。また、後日争いにならないように必ず保証人の保証意思を確認する。

③ 担保評価とは

「不動産の担保評価」とは、金融機関等が貸付債権の保全のために設定した抵当権等の目的となる不動産(担保不動産)の評価をいう。

1. 一般の鑑定評価等と担保評価の違い

一般の鑑定評価と担保評価には以下のような違いがある。

①一般の鑑定評価がある時点における評価額を求めるものであるのに対し、担保評価は与信期間を通じて債権を保全するための適正な価格を求めるものであること

②一般の鑑定評価はあらゆる状況の不動産について評価を行うのに対し、担保評価では担保不動産としての適格性も合わせて検討する必要があること

2. 与信期間に対応した評価

与信期間中、担保不動産は様々な物的リスクや人的リスクにさらされる。

・物的なリスク……損壊などの不動産自体に関するリスク、経済情勢の変動など外部要因に関するリスク、周辺環境の変化など地域要因の変動に伴うリスクなど

・人的なリスク……失業や倒産などによる弁済能力の低下といった債務者の信用力に関するリスクなど

通常の不動産評価では、長期間に及ぶ与信期間を通じて妥当性を保つことができる価格を算定することは困難である。そのため、これら物的・人的リスクについては、金融機関において担保掛目を乗じるなどして修正を行う必要がある。

なお、鑑定評価基準に基づいて不動産鑑定士が行う評価によって求めるべき価格は正常価格である。これは「市場性を有する不動産について、現実の社会経済情勢の下で合理的と考えられる条件を満たす市場で形成されるであろう市場価値を表示する適正な

価格」をいう。

　一方、金融機関等においては、債務者の倒産時に担保不動産を強制換価した場合などを想定して、早期売却の条件や競売市場等の条件を考慮した「所要の修正」を行う場合がある。

　また、担保評価は一度限りのものではなく、新規融資時のほかにも、融資継続中は債務者の状態に応じた定期的な見直しや、破綻懸念時などには不動産の処分を考えた場合の評価など、その都度見直しが必要なものでもある。

3. 担保の適格性

　対象不動産が担保としての適格性を有しているか否かの判断は、換価処分の可能性に関する重要な事柄であり、①安全性、②市場性、③確実性の3つの基準に拠っている。

　〔参照〕☞担保設定時の注意事項(166頁)

4. 担保評価の方法

　担保評価の基本的な方法としては次のようなものがある。

(1)公示地価・基準地価や相続税評価額・固定資産税評価額を活用した評価……金融機関において一般的に行われる簡易な方法による定型的な担保査定。鑑定評価に比べて精度が劣るため、担保掛目を乗じて人的リスク等を反映させる。

(2)不動産鑑定士による担保不動産の鑑定評価……不動産鑑定評価基準に基づいて求めた正常価格であるが、人的リスクは考慮外であるため、債務者の信用状態に応じて修正が必要となる場合がある。

　その他、評価の参考となる事例として、①不動産鑑定士による不動産鑑定評価基準に基づかない評価や査定、②売却確定金額(契約の締結等により確定した売却代金から費用等を控除した金額)、③売却基準額(競売手続きで裁判所が定めた売却基準価額で1年以内のもの)などがある。

　これらの評価方法から担保不動産の規模や融資条件の差異など実態に応じて各金融機関等は適宜ルールを定めることになる。

④ 不動産担保権の実行と競売

担保権の実行とは、民法・商法で規定する抵当権、先取特権、質権などに基づき、担保物権の目的となる財産を強制的に換価処分することにより被担保債権の回収を図る手続である。

通常、不動産担保権の実行とは、債権者が債権回収の手段として債務者が所有する不動産の競売を裁判所に申し立てる制度をさす。

1. 競売手続きの流れ

競売の申し立てがあった不動産について、執行裁判所が債権者のために不動産を差し押さえる旨を宣言する。

それに基づき裁判所書記官がその差押えにかかる登記嘱託をなし、執行官による現況調査、評価人による評価、裁判所による物件明細書の作成が行われる。

その後、入札等により当該物件が売却され、裁判所の職権によって配当手続を実施する。

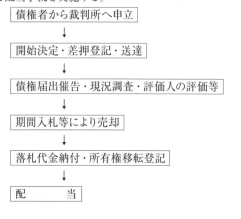

債権者から裁判所へ申立
↓
開始決定・差押登記・送達
↓
債権届出催告・現況調査・評価人の評価等
↓
期間入札等により売却
↓
落札代金納付・所有権移転登記
↓
配　　　当

2. 競売の3点セット

売却が実施される場合には、3点セットとよばれる書類が公開され、裁判所で閲覧できるほかインターネット上でも公開されている

（http://bit.sikkou.jp）。競売物件を買い受ける場合には、これら書類の内容を十分に理解しておく必要がある。

①現況調査報告書

　執行官が現地調査を実施した結果をまとめたもので、土地・建物の状況や不動産登記簿等との相違点、占有者および占有状況などが記載されている。

②評価書

　評価人による物件の評価額およびその算定根拠と、公法上の規制や周辺環境など物件の詳細が記載されている。

③物件明細書

　買受け後も引き継がなければならない賃借権や法定地上権の概要、その他の占有関係などの権利関係が記載されている。

3．競売不動産の特色

⑴競売市場の特殊性

　通常売買される不動産とは違い、競売物件には以下のような特殊性がある。一方で、この特殊性を総合して競売市場性修正（減価）を考慮し、売却基準価額が決定されている。

ⓐ情報公開から入札締切日までの情報公開期間が短い

ⓑ売却基準価額の20%相当の保証金を前納する必要がある

ⓒ一般の売買不動産のように事前に内部を確認することが困難

ⓓ物件に瑕疵があっても売買の取消や損害賠償請求ができない

ⓔ代金は開札後1ヵ月半程度の間に一括して納付する

ⓕ占拠者の存在等、スムーズな物件の引渡しが保証されない

ⓖ裁判所は仲介責任を負わず、トラブルは当事者間で解決する

⑵売却基準価額

　裁判所は、評価人の評価に基づいて「売却基準価額」を定める。入札に参加する場合は、この売却基準価額から20%を控除した「買受可能価額」以上で買受けの申し込みをすることができる。

⑤ 財団とは

「財団」とは土地、建物、機械設備等、個々には独立した企業財産を一個の不動産ないし物とみなして抵当権の目的としたものである。

1. 財団制度の意義

　企業はその企業経営のため土地、建物、機械、設備等を保有し、有機的に結合したこれら一体の企業財産を活用することにより企業活動を行っている。一方、企業は企業経営上必要な資金の一部を金融機関等から借入れる必要が生ずるが、その際に担保として保有財産を提供するのが一般的である。しかし、通常の抵当権制度では有機的に結合した一体の企業財産という集合体の上に抵当権を設定することができず、個々に抵当権を設定せざるを得ない。

　これでは費用、手間の面からも現実的でなく、土地・建物に抵当権を設定していても、その土地・建物に備え付けられた機械、設備等に当該抵当権が及ぶかどうかも議論のあるところである。また企業側も土地・建物と機械・設備がばらばらに処分されると企業としては成り立たなくなるし、有機的に結合した一体の企業財産として独立の経済価値を発揮している財産が、個々に分離された状態では担保価値も減殺されるという問題がある。このため、これらの企業財産を一括して一個の財産とみなし、それを財団として抵当権を設定することができる制度が設けられた。

2. 財団の種類

(1)不動産財団

　法律で定められた財団のうち工場財団、鉱業財団、漁業財団、港湾運送事業財団、道路交通事業財団、観光施設財団は一個の不動産とみなされ不動産財団と呼ばれる。財団目録を添えて法務局に財団登記をすることにより公示される。これらの財団は工場抵当法を基礎としており、財団登記簿謄本の申請先は所在地の法務局等である。

⑵物財団

　上記以外の鉄道財団、軌道財団、運河財団は一個の物とみなされ、物財団とよばれている。財団目録を添えて国土交通省に登録することにより公示される。これらの財団は鉄道抵当法を基礎としており、財団登記簿謄本の申請先は国土交通省である。

3. 各種財団の特徴

⑴不動産財団

①工場財団

　財団の対象となる工場とは、営業のための@物品の製造、加工または印刷もしくは撮影の目的に使用する場所、⑥電気またはガスの供給の目的に使用する場所、ⓒ放送法上の放送の目的に使用する場所をいう。財団の設定は工場財団登記簿への所有権保存の登記によりなされ、その登記により財団に属するものの登記用紙に「工場財団に属した」旨の記載がされる。登記がなされると財団目録は登記簿の一部とみなされ、記載事項は登記とみなされる。設定登記後6ヵ月以内に抵当権の設定登記がなされないときは、その効力を失う。

②鉱業財団

　財団の設定は採掘権者(個人法人を問わない)に限られ、鉱業権を中心とした鉱業経営に必要な不動産や機械・器具、工場所有権などを対象として組成される。

③漁業財団

　定置漁業権者、区画漁業権者や漁業の用に供する船舶、水産物の養殖場の所有者が設定できる。漁業権、船舶や漁具のほか、地上権や水面の使用に関する権利などを対象として組成される。

④港湾運送事業財団

　国土交通大臣の許可を受けた一般港湾運送事業者等が設定でき、港湾運送事業に関する上屋や荷役機械、はしけ・船舶、一般港湾運送事業等の経営のため必要な器具・機械などを対象に組成される。

⑤道路交通事業財団

　適当な事業規模を有すると国土交通大臣が認定した道路運送事

業、自動車ターミナル事業または貨物利用運送事業を営む事業者が設定でき、対象は自動車、土地・工作物、機械・器具などである。

⑥観光施設財団

観光施設（遊園地、動物園、水族館、植物園その他の園地、索道がある展望施設、索道があるスキー場、冷凍施設があるアイススケート場、水質浄化設備がある水泳場）を観光旅行者の利用に供する事業者が設定でき、観光施設に属する土地・機械、動植物・展示物、船舶・車両・航空機、温泉を利用する権利などを対象に組成される。

(2)物財団

①鉄道財団

鉄道事業者が抵当権の目的とするため財団を設定する制度で、鉄道抵当法が適用される。鉄道事業者の申請に基づき国土交通大臣による認可があったときに成立し、鉄道線路や車両、変電所・配電所・事務所、器具・機械や地上権・地役権などを対象として鉄道抵当原簿に財団設定の登録がなされる。これにより鉄道財団目録に記載された内容も登録と同様の効力を持つ。また、設定の認可後6ヵ月以内に抵当権設定の登録がないときは、認可の効力が無効となる。登録は所有権移転や抵当権設定に関し、第三者への対抗要件となる。

②軌道財団

いわゆる路面電車を運行する事業者が設定できる財団で、軌道抵当原簿に登録することにより公示される。対象や内容は鉄道財団とおおむね同様で、鉄道抵当法がほとんど準用される。

③運河財団

水路その他の運河用地に属する工作物や器具・機械、上屋・倉庫・事務所、運河に要する船舶などを対象として設定され、軌道の抵当に関する法律が準用される。

第 8 章

不動産の証券化

① 不動産流動化／証券化とは　不動産証券化のメリット

　一般に、「不動産の流動化」とは、不動産の当初所有者(以下オリジネーターという)がその不動産をバランスシートから切り離し、その不動産が生み出すキャッシュフローを償還原資として、資金調達を行うことをいう。

「不動産の流動化」のうち特にその資金調達を有価証券の発行を通じて行う場合は、「不動産の証券化」といい、その対象は、キャッシュフローを生み出す賃貸用不動産等に限定される。

1. 不動産の流動化の背景と証券化

　不良債権処理や企業会計のグローバル化に伴う減損会計、時価評価制度の導入、資本効率等の市場の要請を背景に、企業のバランスシート改善志向が高まったことや、間接金融から直接金融への資金調達手段の多様化の流れの中で、不動産の流動化・証券化が普及していった。

2. 不動産証券化のパターン

　不動産証券化には、オリジネーターや投資家の目的によって、「資産流動化型」と「資産運用型」の二つのパターンがある。

・資産流動化型……主に資金調達の目的でオリジネーターが、当該不動産をオフバランスする「最初に物ありき」の場合である。当該不動産をSPC等に売却し、その不動産が生み出す賃料や売却代金等の将来キャッシュフローを原資として資金調達を行う。

・資産運用型……不動産を運用対象とする目的で投資家の資金を集め、投資して得た運用益を投資家に配分する「最初に金ありき」の場合である。不動産私募ファンドやJ-REIT、私募REITは、この形態である。

　「資産流動化型」と「資産運用型」は、入口と出口が逆であるが、どちらも不動産から生じるキャッシュフローに基づくリスクとリターンを、複数の投資家に対し投資成果として配分する仕組みである。

3. 不動産証券化のメリット

(1)オリジネーターから見たメリット

①オリジネーターの信用力に依存しない資金調達が可能

②計画的な資金調達・オフバランスが可能

③不動産が抱える種々のリスクを第三者である投資家に転嫁することが可能

④小口化により、大型物件の売却が容易になる。

⑤複数物件の一括売却、自社使用物件の一括売却が可能

⑥以上により、バランスシートのスリム化や含み損益の実現が容易になる。

(2)投資家から見たメリット

①不動産の価格下落リスクを一定限度（エクイティの出資額の範囲）まで圧縮した投資が可能

②小口化により、大型物件の共同購入が容易になる

③デット（借入金）の調達により、レバレッジを効かせてエクイティの出資額に対して高い利回りを期待することが可能

④以上に代表されるように、証券化により不動産が抱える種々のリスクが細分化され分散される。このことで投資選択の機会が増え、投資家は自らの負担できるリスクと求めるリターンに応じた投資ができる。

(3)不動産関連ビジネスの拡大

　単純な現物不動産の売買や、不動産担保融資による不動産会社への貸出ししかなかったときに比べて、証券化スキームやファイナンスにかかわる新たなビジネスが多数生まれた。

〔参照〕☞不動産証券化のスキーム(178頁)、不動産証券化用語(180頁)

(4)市場の効率化

　不動産を売却したい者にとっても、不動産に投資をしたい者にとっても、大型の案件や多額の資金を伴う取引が行いやすくなる。結果として不動産の流動性が高まり、市場が効率化する。

② 不動産証券化のスキーム

　簡単な証券化のスキームについて不動産管理処分信託を活用した例により説明する。

〔参照〕☞不動産証券化用語(180頁)

1. 証券化スキーム図(不動産管理処分信託利用)

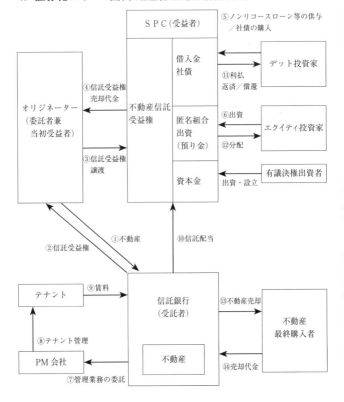

2. 証券化の手順

(1)オリジネーターは委託者として受託者である信託銀行と不動産
　の管理処分を目的とする信託契約を締結し、当初受益者となる。
　信託不動産（土地・建物）は受託者に移転され受託者は当初受益
　者に不動産信託受益権を交付する（①②）。

(2)委託者兼当初受益者は不動産信託受益権をＳＰＣに売却（流動
　化）し、売却代金を受領する（③④）。

(3)ＳＰＣはエクイティ投資家から匿名組合出資等を受け入れたり、
　デット投資家からノンリコースローンを調達したり、社債を発行
　したりすることにより、不動産信託受益権を購入する（⑤⑥）。

(4)受託者は信託財産となった賃貸用不動産を管理運用する。

・受託者の管理運用業務
ⓐ建物の維持・修繕等の建物管理業務
ⓑテナント等との契約管理業務
ⓒ賃料授受・計算等の収支管理業務
　このうち主としてⓐとⓑの業務をプロパティマネジメント（ＰＭ）会
社に委託する場合もある（⑦〜⑨）。

(5)受託者は管理運用の成果である収益金（賃料収入から必要諸経
　費を控除したもの）を信託配当としてＳＰＣに交付する（⑩）。

(6)ＳＰＣは信託配当金を原資に必要諸経費を控除した後、デット利
　息、エクイティ配当の順に投資家に支払う（⑪⑫）。

(7)社債もしくはノンリコースローンの期限到来時において、受託者は
　信託契約等の条項に基づき信託財産を処分し、売却代金から必要
　諸経費を控除した残余をＳＰＣに交付し、信託は終了する（⑬⑭⑩）。
　なお、社債もしくはノンリコースローンの期限到来時において、
新たな社債の発行もしくはノンリコースローンの調達が可能である
場合は、不動産流動化・証券化を継続することもある。

(8)ＳＰＣは売却代金から必要諸経費を控除した残余を、デット元
　利、エクイティの順に投資家に分配する（⑪⑫）。

〔参照〕☞不動産証券化用語（180頁）
〔参照〕☞AM（アセットマネジメント）とPM（プロパティマネジメント）（202頁）

③ 不動産証券化用語

不動産の証券化に関連する用語の主なものを紹介する。

1. 証券化の仕組み・関与者に関する用語

(1)オリジネーター

証券化の対象となる不動産の原所有者。

(2)アレンジャー

不動産の証券化に関し、オリジネーター・投資家・レンダー等と協議して全体の仕組みを構築していく役割を担う者。銀行・証券会社・不動産会社・コンサルタントなどがアレンジャーとなることが多い。

(3)SPV(Special Purpose Vehicle)、SPC(Special Purpose Company)

SPVは、(証券を発行する)特別目的のための乗り物という意味。オリジネーターが不動産を売却する際の相手方となるものであり、当該不動産の賃貸及び処分を行うためだけに設立され、投資家はこれを通じて対象不動産から得られるキャッシュフロー等を受け取る。様々な形態があるが、現在日本で多く使われるのは、会社形態のSPC（株式会社、合同会社）、資産の流動化に関する法律に基づく特定目的会社（TMK）、投資信託および投資法人に関する法律に基づく投資法人（J−REIT、私募REIT）である。

(4)倒産隔離(bankruptcy remoteness)

第一に、オリジネーターその他証券化に関与するプレイヤー等の倒産がSPVの債務履行に影響を与えないようにすること。倒産隔離するためには、オリジネーターからSPVへの不動産譲渡に当たり、法律上・会計上間違いなく譲渡されたということを明確にし、またSPVはオリジネーター等の影響を受けない独立した存在にする必要がある。

第二に、SPVが予定外のリスクを抱え込むことを防ぐため、SPVは当初予定されていた不動産賃貸および処分以外の事業を行えないよう、また予定外の債務を負わないよう業務内容を制限し、変更ができないようあらかじめ仕組んでおく必要がある。このため、

SPVの株主等（議決権を有する者で、法人の形態に応じ、社員と呼ばれることもある）は、その議決権行使に関し「何もしない」ような仕組みとなっている。

この倒産隔離に使われるスキームとして、SPVの議決権を、倒産隔離の措置を講じた親法人に保有させる仕組みが普及しており、現在では、この親法人として「一般社団法人および一般財団法人に関する法律」による「一般社団法人」が使われている（2008年11月30日までは、中間法人法による「有限責任中間法人」が使われていた。また、国内法が整備されていなかった証券化の初期には、「ケイマンSPCと慈善信託」を使うことが多かった）。

(5)二重課税の回避

不動産からの利益について運営主体（(3)のSPVやSPC）に法人税がかかると、その控除後利益の分配金にさらに課税されるために、投資家は二重の課税を受けてしまう。

証券化の仕組みでは、これを避けて不動産から得られる利益を直接投資家に分配するために、運営主体に課税されないことが必要となり、これを二重課税の回避という。

TMKや投資法人の場合は、一定の配当要件を満たせば運営主体への直接課税が避けられる（導管性）。また、SPCを使う場合は、投資家からの出資形態を匿名組合出資として課税を避ける方法がとられている。

(6)不動産管理処分信託

オリジネーター（委託者兼当初受益者）から不動産の信託を受けた信託銀行（受託者）が当該不動産の管理・処分を行い、その運用結果である信託配当を受益者に支払う信託のこと。

その信託による利益および不動産売却・信託終了時に支払われる元本を受領する権利を、「不動産信託受益権」という。

多くの不動産証券化の実例では、オリジネーターが直接不動産をSPVに譲渡するよりも、一旦不動産を信託銀行に信託して、その信託受益権をSPV（新受益者）に譲渡する場合が多い。

オリジネーター等が信託手法を用いる目的は、

①不動産移転課税の面でのコスト軽減、

②不動産特定共同事業の対象外であることの明確化、

③ストラクチャーの安定化——である。

※オリジネーターやSPVが倒産した場合であっても信託銀行は確実に不動産の管理運用・処分を継続できることがSPV債権者の地位安定化に寄与する。

　なお、信託財産である不動産は、受託者である信託銀行の固有財産から分別管理されており、受託者の破産等一定の事由が生じた時には、信託を解除し信託財産を取り戻すことができるほか、当該受託者を更迭し新受託者を選任することもできる。

(7)トランチング、トランシェ

　証券化において、リスク・リターン等の条件の程度により、証券を区分すること。また区分された各部分をトランシェという。トランチングすることによって、優先劣後構造が作られる。(本項「優先劣後構造」(184頁)参照)

(8)格付け

　債券の利払いや償還などの債務不履行の確実性をランク付けすること。格付けのランクをAAA，BBBなど単純な英字で表わす。CMBSや、他の金融機関への譲渡が予定されている大型の不動産ノンリコースローンには、格付け機関からの格付けの取得がほぼ必須となっている。

　格付け機関は、対象となるデット調達部分に関して、LTV、DSCRの水準等を目安として格付けを行う。それぞれの格付けランクに対応するLTVやDSCRの水準は、格付け機関が、過去の格付け事例やヒストリカルデータ、その他の情報を用いて、それぞれ独自の判断や方針に基づき設定している。

2. 投資や運用の判断に関連する用語

(1)投資クライテリア

　投資基準のこと。

(2)レバレッジ

　レバレッジとは「てこ」という意味で、レバレッジが効くとはローンを活用することによって、小額のエクイティ投資資金で投資家への配当利回りを高くすること。

(3) IRR(Internal Rate of Return)

内部収益率。投資対象の将来キャッシュフローの現在価値と投資額が等しくなるような割引率のこと。

⑷イールドギャップ

　投資の利回りを金利と比較して示したもの。不動産の場合には、不動産投資利回りを長期金利と比較してどのくらいの格差があるかを示したもの。

⑸ボラティリティ

　価格の変動性のこと。標準偏差で示すことが多い。ボラティリティが大きいとは価格の変動が大きいことをさす。

⑹トラックレコード

　投資対象の不動産のキャッシュフローの出入り等に関する過去の履歴。

⑺ＤＳＣＲ(Debt Service Coverage Ratio)

　各営業年度の純収益(営業費や税金を控除したキャッシュフロー)を借入金関係の元利支払い額で割ったもの。分母の支出額には、現実の元利支払い額を使用するだけでなく、将来の金利上昇や通常の元本返済スケジュールを加味した想定の元利支払い見込み額（ローンコンスタント）を使用することも多い。数字の高いほうが資金繰りに余裕がある。

3.　資金調達に関する用語

⑴デットとエクイティ

　ＳＰＶは不動産の取得に当たり、資金調達の方法として、負債によるものと出資によるものがある。

　この負債によるものを「デット(Debt)」といい、出資によるものを「エクイティ（Equity）」という。

　デットは、借入金や社債、特定社債、投資法人債等で、返済・償還期限と元利金が確定している。これに対し、エクイティは、株式、優先出資証券、投資証券、匿名組合出資等で、元本保証のないものである((2) 優先劣後構造参照)。

⑵優先劣後構造

　ＳＰＶは、不動産賃貸・処分により得られたキャッシュフローを優先的にデット投資家への支払いに、残余をエクイティ投資家への

支払いにあてる。この支払い順位のルールに従った弁済構造を「優先劣後構造」という。

この構造により、デットへの投資はローリスク・ローリターン、エクイティへの投資はハイリスク・ハイリターンとして、投資の性質を異なる設定とすることができ、投資家のリスク選好に応じた不動産証券化商品の供給を図ることができる。

(3)匿名組合出資

「匿名組合出資」はＳＰＣが株式会社(特例有限会社を含む)もしくは合同会社の場合のエクイティの代表的な出資形態(商法第535条～542条)。出資者(匿名組合員)はＳＰＣの議決権を有しない。

税務上、法人(ＳＰＣ)が営業者である場合におけるその匿名組合営業について生じた利益の額については、その利益の額から匿名組合契約により匿名組合員に分配すべき利益の額を控除した残額を当該事業年度の益金の額に算入するものとされている。これに基づき、匿名組合営業(不動産賃貸・処分事業)の利益は、ＳＰＣ側で実質的に課税されることなく、匿名組合員側で課税されるように仕組まれているのが一般的である(本項「二重課税の回避」(181頁)参照)。

(4)ＣＭＢＳ(Commercial Mortgage Backed Securities)

不動産証券化において、株式会社またはＴＭＫが保有する実物不動産(または信託受益権)を裏付けに発行される社債または特定社債を「ＣＭＢＳ」という。もともと、ＣＭＢＳは米国の商業用不動産ローン債権担保証券を意味するものであったが、日本では、社債発行会社(ＳＰＣ)が実物不動産(または信託受益権)を有している場合、および商業用不動産担保ローンを有している場合の双方とも「ＣＭＢＳ」と呼ばれる。

(5)ノンリコースローン

債務が特定の資産(例えば、流動化された不動産)のみを返済原資とし、オリジネーターに遡及しないローンのこと。なおＳＰＣがＣＭＢＳを発行せず、このノンリコースローンのみを調達する場合は、ＳＰＣに合同会社が利用されることが多い。

(6)メザニン

社債・ノンリコースローンの債権者は不動産賃貸・処分から得ら

れるキャッシュフローを優先的に享受することができ、エクイティ投資家に比較してリスクは低くなるが、対価（金利）は、エクイティ投資家が見込む配当水準より低くなる。社債・ノンリコースローンにおいては、その中でさらに優先劣後構造が適用され、その利払い・返済の順位に応じていくつかの部分に切り分けられる（トランチング）ことがある。そのうちリスクのやや高い部分をメザニン（中2階の意）といい、リスクの低い部分（これをシニアという）よりも金利が高めに設定される。

⑺LTV（Loan to Value）

　担保掛目のこと。その時々の借入金額もしくは社債発行金額の残高を不動産の時価（収益価格）で除して計算する。数字が低いほうが安全である。

⑻アモチ（ゼーション）（Amortization）、ブレット（Bullet）、バルーン（Balloon）

　融資の返済方法において、借入期間中、定期的に一定額の元本を返済していくことをアモチ（ゼーション）という。分割償還のこと。

　これに対し、満期に一括返済することを、ブレットという。

　また、融資の返済方法において、期限における元本返済額が期中返済額（アモチ額）に比べて大きい場合、当該支払をバルーンという。

④ 不動産投資信託とは

「不動産投資信託」とは、不動産を主な運用対象とする投資法人あるいは投資信託を総称したもの。2000年11月に改正された「投資信託及び投資法人に関する法律（以下投信法という）」に基づき実現した。

1. 不動産投資信託の種類
「不動産投資信託」は制度上①投資法人を活用した「会社型」、②信託を活用した「契約型」の2種類に分類される。

2. 会社型不動産投資信託の仕組み
(1)株式会社が株式を発行するのと同様に、不動産投資法人は「投資口」と呼ばれる有価証券を発行して投資家から資金を集める。投資家は、上場投資法人の投資口であれば、証券取引所等を通じて株式と同様に売買することができる。
(2)不動産投資法人は、こうして集めた資金に借入金なども合わせて不動産に投資し、その不動産をテナントに賃貸することで収入を得る。なお不動産投資法人は、資産の運用や保管に係る業務等を資産運用会社、資産保管会社等へ委託することが義務づけられている。
(3)不動産投資法人は、その収入から不動産の維持・管理費用や金利、投資法人の維持費用などを差し引いた後、残った利益を投資主へ分配する。その際、分配可能利益の90％超の分配等、一定条件を満たすと、不動産投資法人にはその分配金の損金算入が認められる。このため投資主は、不動産が生み出す収益を、投資法人の段階で課税されずに受け取ることができる（二重課税の回避）。

不動産投資法人はいわば、税務上の特典を有した賃貸専業の不動産会社と考えると、イメージしやすいであろう。

3. 不動産投資信託のスキーム図(会社型)

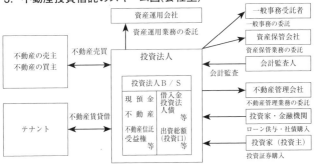

- **投資法人**……資産を主として特定資産に対する投資として運用することを目的として、投信法に基づき設立された法人。ここでは、主として不動産を運用対象とする投資法人を不動産投資法人という。
- **投資口**……投資証券を所有する投資家の法的権利(均等の割当的単位に細分化された投資法人の社員の地位)。株式会社の株式に相当。
- **投資証券**……投資口を表示する証券。株式会社の株券に相当。
- **投資主**……投資証券の所有者(投資法人の社員)。株式会社の株主に相当。
- **投資法人債**……株式会社の社債に相当する、投資法人が発行する債券。
- **資産運用会社**……投資法人の資産の運用に係る業務を行う会社。AM会社。
- **資産保管会社**……投資法人の資産の保管に係る業務を行う会社。
- **一般事務受託者**……投資証券・投資法人債の募集、発行、投資主名簿・投資法人債原簿の作成等、投資法人の資産の運用および保管に係る業務以外の業務に係る事務を行う会社。
- **不動産管理会社**……投資法人保有不動産に関し、建物やテナントの管理を行う会社。PM会社。

〔参照〕☞AM(アセットマネジメント)とPM(プロパティマネジメント)(202頁)

⑤ J-REIT のメリット・デメリット

　証券取引所で売買される J-REIT の特徴は以下のとおり。2001年9月10日に2銘柄が上場して以降、2019年10月現在63の投資法人が上場している。2018年は計4銘柄、2019年は10月までで2銘柄が新たに上場した。

1. J-REIT 投資のメリット

(1)少額で優良な不動産に投資することができる。個人が気軽に行える不動産投資の手段といえる。

(2)投資法人は税務上、一定の要件のもとに、その分配金の損金算入が認められている。不動産投資法人の多くは、その要件を満たすため、毎期の利益のほとんどすべてを投資主に分配する分配方針としている。したがって、一般企業の株主が法人税控除後の利益から分配を受けるのに対して、投資法人の投資主は法人税控除前の利益から分配を受けることができる（二重課税の回避）。

(3)不動産現物投資では売買に時間を要するのに対し、上場J-REIT への投資の場合には、市場で日々価格が形成され、売買が容易。

(4)不動産現物投資では、投資対象不動産の稼働率低下や地震の被害といった、物件に係るリスクが投資採算に大きな影響を与える。一方、不動産投資法人は多数の投資家の資金を集めて一つの大きな財産として運用するため多数の不動産への投資が可能となり、個別物件に係るリスクを分散することができる。

(5)不動産投資の経験豊富なプロが運用し、業者を選択・監督・指示するので、不動産現物投資において必要とされる物件の運用・管理に関するノウハウが不要である。

(6)不動産現物投資と異なり、投資家は自らの勘定で借入をする必要がない。

2. J-REIT 投資のデメリット

　不動産現物投資に比べ、資産運用会社に支払う報酬等や、投資法人の維持のために必要なコストを要する。

3. J-REIT 投資の主なリスク

(1)元本が保証された商品ではない。金利や経済情勢の変動、投資法人が保有する不動産の資産価値変動等の影響を受け、市場での取引価格は日々変動する。

(2)分配金は、不動産などの収入の変化等に応じて変動する。賃料の下落、空室率の上昇、金利の上昇等は、分配金の減少要因となる。また、投資法人が開示している評価額で保有不動産を売却できるとは限らず、売却価格によっては売却損が発生し、分配金を減少させる場合がある。

(3)上場廃止となった場合に売却が困難になる。

(4)税務上、分配金の損金算入が認められる蓋然性は高いが、確約されているわけではない。

4. J-REIT の分配金利回り

　J-REITの分配金利回りも一般企業株式の場合と概念的には同じで、年換算の一口当たり分配金額 ÷ 投資口価格で表わされる。利益の100%を分配する場合、保有不動産の賃貸利益の他、不動産売却損益、税務上損金算入できるコストの範囲等、各種の要因でJ-REIT の分配金額は定まるが、特殊要因がなく、不動産の売買を行わないことを想定し単純化すると、分配金利回りは下記算式で求められる。

〔分配金利回り〕

$$= \frac{\text{個別不動産純収益合計}^{(※1)} + \text{預金金利等} - \text{借入金金利等} - \text{投資法人維持費用}^{(※2)}}{\text{発行済投資口数} \times \text{投資口価格}}$$

※1　減価償却後、資本的支出控除前の純収益（賃貸収入−不動産の維持管理費・公租公課・水道光熱費・減価償却費等）

※2　投信委託会社の報酬、投資法人の執行役員・監督役員等の報酬、会計監査関連費用等

⑥ 金融商品取引法と不動産ビジネス

1. 金融商品取引法(以下金商法という)

多様化する金融商品・サービスについて、投資家保護を強化するため、これまで有価証券の取引を規制してきた「証券取引法」や「投資顧問業法」などの法令を改正し、一元化したもの。

金商法のポイントは、①横断化:投資性の高い金融商品・サービスにすき間なく同等の規制、②柔軟化:いわゆるプロ向けと一般投資家向け、適合性の原則、商品類型等に応じて差異のある規制。

2. 規制対象となる不動産証券化商品

金商法では、不動産信託受益権や匿名組合出資持分を「みなし有価証券」とし、他の有価証券同様、規制対象に含めている。

金商法の規制対象となる主な不動産商品	金商法の対象外
・REIT 投資口 ・特定目的会社(TMK)優先出資証券、特定社債 ・「みなし有価証券」となる不動産信託受益権、集団投資スキーム持分(=匿名組合出資など)	・現物不動産の取引 ・不動産特定共同事業(同時改正の不動産特定共同事業法により規制)

〔参照〕☞不動産証券化用語(180頁)

3. 金融商品取引業者の登録

下記商品などを業として扱う者は金融商品取引業者の登録が必要。

扱う不動産関連商品の業務	必要な登録
J-REIT 投資口・TMK 優先出資証券の販売、勧誘などの業務	第一種金融商品取引業(以下第一種)
不動産信託受益権・集団投資スキーム持分の売買や売買の媒介、私募の取扱い、自己募集などの業務	第二種金融商品取引業(以下第二種)
投資一任契約を締結し、顧客の投資判断について、一任を受け、自ら運用を行う業務	投資運用業
投資顧問契約を締結し、有価証券の投資判断について助言を行う業務(顧客が自らの判断で運用)	投資助言・代理業

4. 金融商品取引業の規制

金融商品取引業の登録には、人的構成や最低資本金の額など一定の要件を備える必要がある。また登録後は、様々な行為制限を受け、金融庁の監督下でその報告、検査の対象となる。

主な登録要件〔対象業務〕	主な行為規制
・株式会社〔第一種、投資運用業〕 ・主要な株主の制限〔第一種、投資運用業〕 ・金融商品取引を的確に遂行できる人的構成：コンプライアンス部門の設置等〔第一種、第二種、投資運用業〕 ・最低資本金〔第一種、第二種、投資運用業〕	・他の兼業業務の範囲 ・広告の規制 ・契約締結前、締結時の書面の交付 ・損失補填の禁止

5. SPC の金融商品取引業の適用

(1) SPC の自己募集(法2条8項7号)

SPC(匿名組合営業者)が投資家(匿名組合員)から匿名組合出資を募る行為は、集団投資スキーム持分(みなし有価証券)の取得勧誘(自己募集)に該当し、原則として、SPC は第二種金融商品取引業の登録が必要となるが、次のいずれかの場合は登録を要しない。

①アレンジャー等(第二種金融商品取引業の登録が必要)に匿名組合出資持分の取得勧誘(私募の取扱い)を委託する場合

②適格機関投資家等特例業務の届出を行う場合

(2) SPC の自己運用(法2条8項15号)

SPC が匿名組合出資を受けて信託受益権に投資(運用)する行為は、自己運用業に該当し、本来 SPC は投資運用業の登録が必要になるが、次のいずれかのスキームを採用する場合は登録を要しない。

①投資運用業者(アセットマネージャー)と投資一任契約を締結し、SPC の運用権限の全部を委託する場合

②適格機関投資家等特例業務の届出を行う場合

6. 金商法下における不動産信託受益権の発行と譲渡

信託受益権を用いた不動産証券化スキームは、現物不動産売買と異なり、金商法の適用を受ける。

(1)新規受益権の発行と私募の取扱い

金商法のもとでは、現物不動産の所有者 (オリジネーター、信託の当初委託者) が不動産を信託し、その信託受益権を最初に第三者(SPC)に譲渡する行為を信託受益権(みなし有価証券)の「発行」と定義し、当初委託者が信託受益権の発行者になる。当初委託者が自ら SPC に信託受益権の取得勧誘を行う行為は、みなし有

価証券の自己募集（取得者が499名以下の場合を「私募」という）に該当するが、当初委託者の金融商品取引業登録は不要である。

一方、当初委託者から委託を受けて、受益権売買の仲介業者がSPCに信託受益権の取得を仲介する行為は「私募の取扱い」に該当し、仲介業者は第二種金融商品取引業の登録が必要である。

⑵既発行の信託受益権の販売（転売）と媒介

すでに発行されている信託受益権の所有者（SPC）がさらに別の第三者に受益権(みなし有価証券)を販売（転売）する行為を「業として行う」場合は、原則として第二種金融商品取引業の登録が必要である。ただし、売主(SPC)が販売に関する勧誘行為の全部を受益権売買の代理・媒介を行う仲介業者（第二種金融商品取引業の登録が必要）に委託する場合には、売主の金融商品取引業者登録は不要である。

なお、SPCが自己のポートフォリオの改善のために行う信託受益権の売買は「業として行う」ものには該当しないとされている。

金商法下における証券化スキームの例

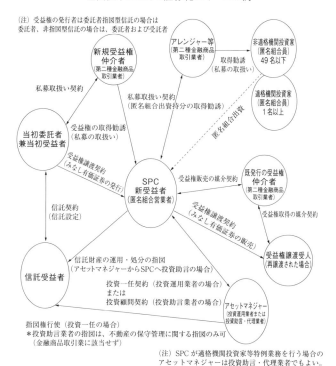

(注) 受益権の発行者は委託者指図型信託の場合は
委託者、非指図型信託の場合は、委託者および受託者

新規受益権
仲介者
(第二種金融商品
取引業者)

アレンジャー等
(第二種金融商品
取引業者)

非適格機関投資家
(匿名組合員)
49名以下

取得勧誘
(私募の取扱い)

適格機関投資家
(匿名組合員)
1名以上

私募取扱い契約

私募取扱い契約
(匿名組合出資持分の取得勧誘)

当初委託者
兼当初受益者

受益権の取得勧誘
(私募の取扱い)

匿名組合出資

SPC
新受益者
(匿名組合営業者)

受益権販売の媒介契約

既発行の受益権
仲介者
(第二種金融商品
取引業者)

受益権譲渡契約
(みなし有価証券の発行)

受益権取得の媒介契約

受益権譲渡契約
(みなし有価証券の販売)

信託契約
(信託設定)

受益権譲渡受人
(再譲渡された場合)

信託受益者

信託財産の運用・処分の指図
(アセットマネジャーからSPCへ投資助言の場合)

投資一任契約 (投資運用業者の場合)
または
投資顧問契約 (投資助言業者の場合)

アセットマネジャー
(投資運用業者または
投資助言・代理業者)

指図権行使 (投資一任の場合)
*投資助言業者の指図は、不動産の保守管理に関する指図のみ可
(金融商品取引業に該当せず)

(注) SPC が適格機関投資家等特例業務を行う場合の
アセットマネジャーは投資助言・代理業者でもよい。

⑦ 不動産に関する利回り

　不動産の収益性を表示するための指標として、もしくは不動産価格を査定するための道具として、各種の利回りが存在する。ここでは一般的と思われる言葉について説明する。

1. 粗利回り(グロス利回り、表面利回り)
＝年間総収入(諸経費控除前) ÷ 不動産価格

　これは最も高い数字が出る利回りであり、またその情報を受け取る人によって誤解が生じるおそれが比較的少なく、かつ費用の開示が不要なので、収益物件の売却情報の一部として表示されていることが多い。

　物件ごとの粗利回りを比較する場合は、この年間総収入が実績に基づく収入か、想定賃料による満室稼動を前提とした収入か、賃料以外の収入(共益費等)を含んでいるのか等、確認する必要がある。

2. ネット利回り(実質利回り、還元利回り、キャップレート)
＝年間純収益(年間総収入－諸経費等) ÷ 不動産価格

・年間純収益……年間総収入からその物件の維持管理に必要な諸経費等(公租公課、維持管理費、修繕費、テナント斡旋時の仲介手数料、水道光熱費等)を差し引いたもの。

　権利金や資本的支出(大規模修繕費)等、年度によって発生額のバラツキが大きいコストや収入については、平準化した数値を使って計算する。

　なお、資本的支出控除前の年間純収益をNOI (Net Operating Income)、控除後の年間純収益をNCF(Net Cash Flow)という。

　減価償却費はキャッシュを支出しない費用であるため、キャッシュフローとして減価償却費を控除しない純収益を前提として利回りの議論がなされることが多い。

　また、借入金金利は資金の調達コストなので不動産の評価とし

ては年間諸経費に通常含めない。

　投資家にとっての「投資利回り」を計算する場合は、不動産価格に一般に必要とされる取得経費（仲介手数料、登録免許税、不動産取得税等）を含めて計算するのがより正確である。

　不動産投資家は、賃貸用不動産の所在・規模・グレード・築年数等に応じたキャップレートの相場観を持っており、このキャップレートに基づいて査定された不動産価格が、購入時の目安となる。

3.　ＩＲＲ(Internal　Rate　of　Return、内部収益率)

$$不動産価格 = 1年目の純収益 / (1 + IRR)$$
$$+ 2年目の純収益 / (1 + IRR)^2$$
$$\vdots$$
$$\vdots$$
$$+ n年目の純収益 / (1 + IRR)^n$$
$$+ n年後の不動産予想処分価格 / (1 + IRR)^n$$

（nは投資年数）

　投資対象となる不動産の取得価格(投資額)と、将来その不動産の賃貸・売却を通じて見込まれるキャッシュフロー（収益）の現在価値合計とが、等しくなるような収益率（各年度のキャッシュフローを現在価値に割り戻す際の割引率）のこと。

　不動産の取得→一定期間の保有・賃貸→売却という不動産投資の一連の流れの中で投資採算性を検証する場合に使用されるが、不動産以外の投資採算性検証にも使われる。

　取得時の不動産価格には投資額として取得経費を含め、予想処分価格は収益として処分経費控除後の数字とするのが一般的である。

第 9 章

不動産関連ビジネス

① 不動産に関連するビジネスの専門家

不動産に関連するビジネスの専門家として以下のようなものが挙げられる。

1. 宅地建物取引業者

㋑「宅地建物取引業法」に基づき免許を受けた者（一定の要件を満たす信託銀行及び信託会社は不要）

㋺宅地建物取引業を営む不動産取引の専門家

㋩監督官庁は国土交通省

宅地建物取引業とは、

①当事者として、宅地・建物の売買・交換

②宅地・建物の売買、交換、または貸借の代理

③宅地・建物の売買、交換、または貸借の媒介（仲介）

である。

不動産の取引は、一般の消費者が不動産取引に関わる機会が少ないのに対し、その売買、交換、賃貸借に係る権利関係や契約関係が複雑な上、取引金額が多額であるという特徴がある。このような不動産取引を安全、確実に行うためには、不動産取引の専門家である宅建業者に依頼するとよい。

〔参照〕☞**不動産業者選定のポイント(101頁)**

売買の媒介に関する報酬の上限額は以下のとおり

媒介する物件の金額	料率
200万円以下の部分	100分の5＋これに対する消費税額
200万円を超え400万円以下の部分	100分の4＋これに対する消費税額
400万円を超える部分	100分の3＋これに対する消費税額

（低廉な空家等の売買取引における媒介報酬額の特例）

代金の額が400万円以下の宅地建物であって、通常の媒介・代理と比較して現地調査等の費用を要するもの（低廉な空家等）の取引の媒介・代理に当たっては、依頼者である売主または交換を行う者から受ける報酬について、当該現地調査等に要する費用を加

えることができる。ただし、現地調査等に要する費用を加えた合計報酬額は、「18万円＋これに対する消費税額」を超えてはならない。

2. 不動産鑑定士
　〔参照〕☞不動産鑑定評価書とは(142頁)

3. 弁護士
㋑「弁護士法」に基づき弁護士の登録を受けた者
㋺法律事務を行う法律に関する専門家
㋩監督官庁は法務省
　不動産に関連する法律問題としては、
①売買契約書、賃貸借契約書の作成
②近隣関係
③借地借家問題
④不動産取引(売買)・マンションの法律問題
⑤遺産分割問題
　等を取り扱う。
　法律相談をする場合には、弁護士会、法律相談センターや弁護士事務所へ連絡すると良い。また弁護士費用には、着手金(依頼段階)、報酬金(成功報酬)、実費、日当、手数料、法律相談料、顧問料等がある(無料相談会が催されることもある)。

4. 税理士
㋑「税理士法」に基づき登録を受けた者
㋺税理士業務を行う税務に関する専門家
㋩監督官庁は国税庁
　税理士業務とは、
①納税者からの依頼を受けて行う税務代理
②税務書類の作成
③税務相談業務等
　である。
　不動産取引に関しては、
ⓐ相続税相談

ⓑ不動産の有効活用

ⓒ不動産売買の税務相談等税金の計算やコンサルティング業務

　を行う。報酬は2002年4月1日の税理士法改正により税理士会
　が定める税務業務に関する報酬規定が廃止され自由化されてい
　る。

5. 司法書士

ⓘ「司法書士法」に基づき登録を受けた者

ⓡ不動産の権利に関する登記についての専門家

ⓗ監督官庁は法務省

　司法書士は、

①登記または供託に関する手続きの代理

②裁判所、検察庁、法務局への提出書類の作成

③登記または供託に関する審査請求の手続きの代理

　を行う。具体的には、依頼人の嘱託を受け、代理人として、新
築家屋やマンションを購入したときに行う登記の提出書類を作成
し、登記の手続きを行う

　〔参照〕☞登記に関する調査(45頁)、登記所調査のポイント(58頁)

6. 土地家屋調査士

ⓘ「土地家屋調査士法」に基づき登録を受けた者

ⓡ不動産の表示に関する登記についての専門家

ⓗ監督官庁は法務省

　他人の依頼を受けて不動産の表示に関する登記に必要な土地家
屋の調査、測量、申請手続きを行う。

　具体的には、

①土地境界を公正な立場で確認し、土地境界確定図を作製

②境界立会や建築敷地に接する道路についての諸手続きの代行

③調査および測量の結果をもとに建物の表示申請

　を行う。

7. 測量士

ⓘ「測量法」に基づき登録を受けた者

ロ測量業務を行う公の測量に関する専門家

ハ監督官庁は国土交通省

　測量業は、

①基本測量(国土地理院が行うもの)

②公共測量(国・地方公共団体が行うもの)

③基本測量および公共測量以外の測量

　をいう。

　測量士は主に公共の土地の測量であって、いわゆる登記申請手続き等に関連する測量は土地家屋調査士が行うことに注意を要する。

8. 建築士

イ「建築士法」に基づいて一級建築士は国土交通大臣の免許、二級建築士・木造建築士は都道府県知事の免許を受けた者

ロ建築に関する専門家

ハ監督官庁は国土交通省

　業務の内容は、

①建築の設計 (建築物の建築工事実施のために必要な図面および仕様書である設計図面を作成)

②工事監理(工事を設計図面と照合しそれが設計図面どおりに実施されているか否か確認すること)

　を行う。

9. マンション管理士

イ「マンションの管理の適正化の推進に関する法律」に基づき登録を受けた者

ロマンション管理業務を行うマンション管理に関する専門家

ハ監督官庁は国土交通省

2 AM(アセットマネジメント)とPM(プロパティマネジメント)

「AM(アセットマネジメント)」と「PM(プロパティマネジメント)」は、いずれも不動産経営、特に投資用不動産の経営に関わる業務で、相互に関与しつつ最終的には対象とする資産の価値の維持・向上を目指すもの。近年の不動産証券化の流れを受け存在感を増してきた。

1. アセットマネジメント(Asset Management:以下AMという)

SPCやJ-REITが保有する不動産の運用・管理に関する意思決定や投資助言を行い、当該資産価値の維持向上、投資収益の極大化を図る業務。特に不動産経営においては、次のような業務を行う。

(1)投資家がSPC等に出資した資金を不動産等に投資し、個々の不動産の組み合わせであるポートフォリオの収益力を向上させる業務。このために、

①何を、いつ、いくらで取得し、同様に取得した資産をいつ、いくらで売却するかの分析・判断

②資産の取得・売却に伴う、資金の調達・返済の計画

等を行うこととなる。

(2)個々の不動産の収益力を向上させる業務。より具体的には、

①不動産市場の分析(需給動向等)

②どのようなテナントに、賃料はいくらで、どのくらいの面積を貸すか等、賃貸方針の策定

③長期修繕計画(大規模修繕や設備更新の時期・方法、支出額等を決める)の策定・実行

④日常の管理業務(テナント対応、警備、設備保守等)の方針策定、ならびにこれらの運営管理を委託するPMの選定・監督

等を行うこととなる。

不動産は他の資産と比較してもより専門的・個別的な投資対象であるため、投資意思決定をサポートする専門家としてのアセット

マネジメント業務が重要となってくる。ＡＭ業務を行うには、金商法に基づき投資運用業または投資助言・代理業の登録が必要。

〔参照〕☞金融商品取引法と不動産ビジネス(190頁)

2. プロパティマネジメント(Property Management:以下ＰＭという)

オーナーまたはＡＭとの業務委託契約（ＰＭ契約）に従い、対象物件のソフトとハード両面の運営管理を行い、当該資産価値の維持向上、投資収益の極大化を図る業務。具体的には、
① テナント募集、賃貸借契約締結、クレーム対応、賃料徴収等のテナント管理
② ビルメンテナンス会社・警備会社・清掃会社等、実際に作業する者の監督・指導並びに保守管理・修繕工事の実施等の物件管理
③ オーナー、ＡＭおよび投資家等への運営状況の報告

等を行うこととなる。ＡＭとの違いは、一般にＡＭがポートフォリオ全体の経営方針に関し包括的な意思決定を行うのに対し、ＰＭはＡＭやオーナーの方針に従い、主として物件ごとの実務的な運営管理を担う点にある。ＰＭ業務を行う会社としては、不動産会社やビルメンテナンス会社（兼業）、ゼネコン、専業のＰＭ会社、金融機関の関連会社等がある。

3. 今後の展望

不動産の価値が主として土地の値上がり益に起因するものであった過去においては、不動産の賃料収入に起因する収益力向上を目指す必要性も今日ほどは重視されていなかった。

しかし、海外投資家の日本進出や不動産証券化の進展に伴い、不動産経営に関する収益性・効率性・透明性向上への要請が高まっている。また、一般事業会社が不動産管理業務をアウトソースすることも増加した。この流れをビジネスチャンスと捉え、フィービジネス強化により収益構造の転換を進めるゼネコンや不動産会社等では、両業務への参入が相次いだ。今後、不動産金融商品が質・量とも充実していくのに伴い、不動産の価値向上を担う両業務の重要性はさらに増していくと考えられる。

③ デュー・デリジェンス（Due Diligence）とは

「デュー・デリジェンス（Due Diligence）」とは不動産取引や融資等において対象不動産の有する適正な市場価値やリスクを明らかにするために実施する詳細かつ多角的な調査のこと。

英語の意味は、Due：当然行われるべき、相当の、Diligence：注意、努力。

1. デュー・デリジェンスの背景

買い手側の自己責任が確立されているアメリカにおいてデュー・デリジェンスは、投資家に不可欠な作業であった。これに対して、売買後も売主の瑕疵担保責任が定められている日本では、このような制度は発達しなかった（なお、2020年4月の民法改正により、新たに「契約不適合責任」が創設されるが、改正前に行われた不動産取引契約では改正前の瑕疵担保責任の制度が適用される）。

しかし、バブル崩壊後に日本の不動産市場に外国人投資家が参入してきたため、日本でもデュー・デリジェンスが求められるようになってきた。さらに不動産証券化の進展に伴いデュー・デリジェンスという言葉は、投資用不動産の取引や会社の吸収・合併（M&A）、プロジェクトファイナンス等の場合に実施される詳細かつ多角的な調査として定着しつつある。

なお、日本の不動産取引における重要事項説明内容は、法令等によってその内容が限定されており、不動産業者の調査についても、取引される不動産の種別・類型に応じた詳細な調査が行われていたとは必ずしもいえなかった。実際、過去には、工場跡地をマンション用地として購入した後に土壌汚染が発覚したケース、投資案件として購入した不動産について今後の大規模な修繕が見落とされ、収益力保持に支障をきたしたケース等がある。このようなことが起こらないよう、各種リスクがデュー・デリジェンスによって調査され、投資・融資判断の基準とされている。

2. デュー・デリジェンスの調査項目

Ⅰ.不動産状況調査		
(1)土地の状況調査	①所在地、地積等	登記簿、公図等による調査
	②境界	境界確定の状況、紛争の有無、越境物の有無とその状況、紛争・越境是正の方法・期間・費用等
	③埋蔵物等	埋蔵文化財等
	④地質地盤	地盤の強度や土質、沿革等
(2)建物の状況調査	①建築・設備・仕様	築年数、構造、規模、貸付床の面積・形状・間取り、設備・仕様、意匠、設計・施工業者等
	②遵法性	都市計画法、建築基準法、各種条例、消防法等の遵守状況
	③修繕・更新費用	修繕状況調査、短期修繕費用(緊急、及び1年以内の修繕)、長期修繕費用(12年〜15年程度の修繕)見積もり
	④耐震性・PML※	新耐震基準への適合性チェック、地震リスク分析とPML値、営業中断期間算出
	⑤管理状況	建物管理状況の良否、管理規約の有無・内容、管理会社の質・信用等
	⑥再調達価格	現在、建て直した場合の建設費用算出
Ⅱ.環境調査	①アスベスト等	アスベスト・フロン・PCB等の有害物質の含有状況
	②土壌、地下水汚染	重金属や有機塩素化合物による土壌汚染、地下水汚染の状況。化学工業、金属製品製造業、洗濯業等は注意
	③周辺環境への影響	周辺への日照、電波障害等の影響
Ⅲ.法的調査	①権利関係	登記簿等による所有権、抵当権等の調査。共有、区分所有、借地物件等権利関係が複雑な物件はより慎重に調査
	②賃貸借契約関係	契約形態、契約内容、賃料、期間等
	③占有関係	占有状況
	④売買契約等	売買契約等各種契約書のチェック
Ⅳ.経済的調査		
(1)テナント調査	①個別テナント	業種、信用情報、賃料支払い状況、賃借目的、稼働率と賃料推移、契約形態、契約内容、承継の有無等
	②テナントの構成	業種、テナント数、各テナントの占有割合、分布割合等
(2)市場調査	①一般的要因	不動産市況に影響を与える経済的状況
	②地域要因	商圏分析、産業構造分析等
	③市場動向	周辺の市場賃料、稼働率、競合物件、開発計画、テナントの需給動向
	④個別要因(立地特性)	街路の状況、交通アクセス、利便施設等の配置、周辺の土地利用状況、日照・眺望・景観、地域の評価・知名度等

(3)収益調査	①賃貸収入	過去の稼働率、賃料推移及び将来の見通し、適正賃料、テナント誘致に関する競争力等
	②運営支出	賃貸借契約水準、賃貸借契約体系及び更新の可能性 修繕計画との比較による修繕費用積み立て状況
	③その他	過去の費用水準、費用関連の契約体系及び更新の可能性、適正費用水準、将来予想される費用負担の可能性 将来の物件売却の競争力等

※ PML(Probable Maximum Loss)：最大可能損失額と訳され、証券化においては主に地震被害リスクを定量化する手法として使用されている。一般的には建物の再調達価格を算出し、それに対し一定期間(主に475年)に一度起こり得る地震でどの程度損壊するかを想定被害率(%)で表す。算出方法や被害率の定義は各社で若干異なるものの、一定の PML 値を超えると、格付機関や投資家より地震保険の付保やキャッシュリザーブ等の要求がなされることがある。

J-REIT 投資法人目論見書等を参考に ARES 作成。

出所：(社)不動産証券化協会　不動産証券化ハンドブック2018

3. デュー・デリジェンスの担い手

　デュー・デリジェンスの調査は広範囲に及ぶとともに専門性が求められるため、宅地建物取引士、不動産鑑定士、測量士、土地家屋調査士、一級建築士、弁護士、公認会計士、税理士、環境コンサルタント、ゼネコン、土壌調査・浄化業者等の連携によって進められる。

第 10 章

不動産と会計・税務

① 不動産に関する税金

2019年10月1日現在の不動産に係る主な税金は以下のとおり。

1. 売却に係る税金

(1)**所得税・住民税**……個人が売主の場合、売却益(税法では「譲渡益」という) に対し、譲渡所得として他の所得と区分して計算し、課税される (申告分離課税)。所有期間5年を境に長期と短期に分類され、短期の方が税率は高い。居住用財産の売却の軽減措置、買換えの際の税の繰り延べ制度がある。

(2)**法人税**……法人が売主の場合、各事業年度において、不動産を譲渡して得た利益は、当該事業年度の他の所得と合算した上で課税される。

(3)**住民税(法人)**……「均等割」と「法人税割」の二方式で課税されるため、不動産譲渡益がある場合、法人税の額に対して所定の税率で課税される「法人税割」に影響が出る。

(4)**事業税 (法人)**……法人が売主の場合、各事業年度の所得金額に所定の税率を乗じて計算する。

(5)**印紙税**……売買契約書を作成すると、作成部数全てが課税対象となり貼付・消印する形で納税。税額は売買代金に連動する。貼付しなくても契約書の効力に影響はないが、過怠税が課せられる。

〔(1)は、復興特別所得税(所得税額に対して2.1%) の付加が一定期間ある。〕

2. 購入に係る税金

(1)**印紙税**……上記1. 売却に係る税金(5)印紙税に同じ。

(2)**消費税**……建物を購入した場合や建築した時に課税。税額は「建物価格 × 消費税率」。土地には課税されない。

(3)**登録免許税**……売買による所有権移転登記、新築建物の保存登記、借入れに伴う抵当権設定登記などに対して課税。税率は登記内容や原因により異なる。課税標準となる不動産評価額は、固定資産課税台帳の登録価格。住宅用家屋などには軽減措置

がある。

(4)**不動産取得税**……不動産の取得に対して、取得者に課税。取得には、建築、交換、贈与も含まれる。相続や信託による取得は課税されない。課税標準となる不動産評価額は、固定資産課税台帳の登録価格が原則。税率は本則4％である。宅地等の課税標準の軽減や土地・住宅用家屋の税率の特例措置がある。

(5)**特別土地保有税(取得に係る)(2003年度より課税停止)**……1月1日または7月1日の各前1年以内に取得した土地の合計面積が基準面積(東京23区では2000㎡)以上の場合に課税。課税標準は実際の取得価額で、税率は3％。

3. 保有しているときの税金

(1)**固定資産税**……毎年1月1日現在、市町村の固定資産税課税台帳に土地や家屋の所有者として登録されている者に課税。課税標準の基礎となる価格(固定資産税評価額)は地価公示価格の70％を目処としている。評価替えは3年ごとだが、1997年からは地価が下落した場合には価格の修正ができる。また、急激な税負担の増加を避けるため、負担調整措置がある。標準税率は1.4％。住宅用地、新築住宅(建物)については軽減措置がある。

(2)**都市計画税**……固定資産税と一緒に納付するもので、都市計画法による都市計画区域内の原則として市街化区域内に所在する土地・家屋が課税の対象。課税標準となる不動産価額は、固定資産課税台帳の登録価格。税率は0.3％(制限税率)。

(3)**特別土地保有税(保有に係る)(2003年度より課税停止)**……保有期間が10年以下の土地を、毎年1月1日現在で基準面積(東京23区では2000㎡)以上保有している者が課税の対象。課税標準は実際の取得価額で、税率は1.4％。恒久的な建物の敷地に供する場合は納税免除の制度あり。

(4)**事業所税(事業に係る)**……地方税法で指定された都市の区域における事業所で、一定規模以上の事業を行っている事業主に「資産割」「従業者割」の税が課税される。

〔参照〕☞不動産の価格は一物四価(140頁)

② 減損会計とは

「減損会計」とは固定資産または資産グループについて、その収益性の低下により投資額の回収が見込めなくなった場合に、一定の条件の下で回収可能性を反映させるように帳簿価額を減額させる会計処理のこと。2005年4月1日以後開始する事業年度より全面適用されている。

1. 減損会計の対象となる資産

固定資産（機械・建物等の有形固定資産の他、のれん等の無形固定資産も含む）が対象。ただし、有価証券の減損処理など他の基準に減損処理に関する定めがある資産は固定資産の減損会計の対象資産から除く。

2. 資産のグルーピング

複数の資産が一体となってキャッシュフロー（以下CFという）をもたらすような場合、資産のグルーピングを行い、1つの資産であるかのようにみなして、その資産グループ全体が減損しているかどうかを判定する。

グルーピングは原則として、他の資産または資産グループのCFから概ね独立したCFを生み出す最少の単位で行う。

3. 減損損失の認識および測定

減損処理のフローは兆候→認識の判定→測定(計上) の3段階。

(1)第1段階：減損の兆候

減損が生じている可能性を示す事象(これを「減損の兆候」という)があるかどうかを確認する。減損の発生がある程度確実なもののみ次の第2段階に進む。

(2)第2段階：減損損失の認識の判定

減損の兆候がある資産または資産グループについて、これらが生み出す割引前の将来キャッシュ・フローの総額が帳簿価額を下

回っている場合には、減損損失を認識すると判定し、第3段階に
進む。

(3)第3段階：減損損失の測定(計上)

「回収可能価額」を計算し、減損損失の金額を確定する。

・減損損失の金額……簿価−「回収可能価額」

・回収可能価額……「正味売却価額」と「使用価値」のいずれか高
　いほう。

・正味売却価額……資産または資産グループの時価から処分費用
　見込額を控除して算定される金額。時価とは、公正な評価額。
　通常は観察可能な市場価格をいい、市場価格が観察できない場
　合には合理的に算定された価額。

・使用価値……資産または資産グループの継続的使用と使用後の
　処分によって生ずると見込まれる将来キャッシュ・フローの現在価
　値。

「帳簿価額」「回収可能価額」「正味売却価額」「使用価値」の関係を示
すと以下のとおり(図は使用価値が正味売却価額より大きい場合)。

(4)使用価値の算定において使用する割引率

　貨幣の時間価値を反映した税引前の利率。資産または資産グ
ループに係る将来キャッシュ・フローがその見積値から乖離するリ
スクが将来キャッシュ・フローの見積りに反映されていない場合に
は、貨幣の時間価値に加えて、当該リスクを割引率に反映させる。

4. 減損損失認識後の減価償却

　減損損失を控除した帳簿価額に基づき減価償却を行う。その後
回収可能価額が回復しても国際財務報告基準（ＩＦＲＳ）で行われ
ている「戻入れ」は行わない。

③ IFRSとは

1. 「国際財務報告基準」(IFRS) とは

IFRS (International Financial Reporting Standards:「国際財務報告基準」または「国際会計基準」と訳されている)とは、世界的な統一利用を目指して国際会計基準審議会 (IASB) が作成している会計基準のことを指す。

同組織は1973年にロンドンで発足した国際会計基準委員会 (IASC) が2001年に改組されたものである。IFRS は、現在ではEU を中心に多くの国で強制適用となり、会計基準のグローバルスタンダードとなっている。

2. IFRS と日本の会計基準のかかわり

日本でも、国内の会計基準を、国際的に統一された基準であるIFRS に合わせる「会計基準のグローバルコンバージェンス」が実施されている。コンバージェンス(Convergence)とは「収斂」という意味である。日本の会計基準作成主体である企業会計基準委員会 (ASBJ) と IFRS の作成主体である国際会計基準審議会 (IASB) との間で締結した「東京合意」に基づき、2008年までに日本の会計基準と IFRS との間の重要な差異を解消し、短期的な課題については、コンバージェンスが完了している。

3. IFRS 導入の判断は2013年以降に先延ばし

IFRS がグローバルスタンダードとなる以前に会計基準の世界をリードしていた米国が、米国基準を捨て IFRS を採用するか否かを、2011年を目途に判断するとかつて発表していたが、未だ判断していない。日本でも2009年6月、企業会計基準審議会が「我が国における国際会計基準の取扱いについて (中間報告)」を公表し、①日本においても一部の企業に2010年3月期 (年度) から任意適用を認める、②強制適用は2012年を目途に判断する、と発表されたが、いまだに強制適用とはなっていない。とはいえ、IFRSを自主的

に適用する動きは進展しており、日本取引所グループの発表では、2019年7月現在ではＩＦＲＳ適用済会社数は198社、適用決定会社数は16社となっている。

4．2019年から、IFRS 導入企業は IFRS16に基づく新たなリース会計基準が適用

2016年1月、IASB は全てのリースについて、リースの借り手側についてはオンバランス処理を行うとするIFRS16を発表し、2019年1月以降に始まる事業年度においては、これが強制適用されることとなった。

リース会計においては、ファイナンス・リースとオペレーティング・リースが存在している。ファイナンス・リースと認められる要件は、「解約不能期間のリース料総額の現在価値が見積もり購入価格の90％以上（90％ 基準）」「解約不能なリース期間が耐用年数の75％ 以上（75％ 基準）」というもので、オペレーティング・リースはこの条件を満たさないものとされている（日本基準の場合）。

このように、ファイナンス・リースはリース対象資産を買い取り、対価を分割払いする状況に近く、一方、オペレーティング・リースは両者のハードルが低いため、一時的に賃借して使用料を払う感じに近い。このため、ファイナンス・リースは、その存在を貸借対照表に反映させるオンバランス扱い、オペレーティング・リースは反映させないオフバランス扱いとなっている。

今回 IFRS16が適用される企業においては、借り手側については両者の区別が無くなり、両方ともオンバランス扱いとなるため、リース開始日には全てのリースについてリース負債と使用権資産を計算する。また、損益計算書についても、通常オペレーティング・リースと認識されるものは「使用料」の支払いであるが、IFRS16の下では、ファイナンス・リースと同様に減価償却費と利息費用を計上することになる。

第11章

環境と耐震

① 土壌汚染対策法の改正

2003年2月に土壌汚染に関する包括的な法律である「土壌汚染対策法」が施行された。その後、数次の改正を経て、2019年4月より最新の土壌汚染対策法が施行されている。

1.「土壌汚染対策法」の内容
⑴対象物質
鉛、砒素、トリクロロエチレンその他の物質（放射性物質を除く）であって、それが土壌に含まれることに起因して人の健康被害を生ずるおそれのあるもの。条文では26項目の「特定有害物質」をいう。特定有害物質には以下のものがある。

①揮発性有機化合物……四塩化炭素、クロロエチレン、ジクロロエタン(1・2)、ジクロロエチレン(1・1、1・2)、ジクロロプロペン(1・3)、ジクロロメタン、テトラクロロエチレン、トリクロロエタン(1・1・1、1・1・2)、トリクロロエチレン、ベンゼン

②重金属等（化合物含む）……カドミウム、六価クロム化合物、シアン化合物、水銀、セレン、鉛、砒素、ふっ素、ほう素

③農薬等……シマジン、チオベンカルブ、チウラム、PCB、有機りん化合物

⑵土壌汚染の調査
2019年4月より、土壌汚染調査が必要となる場合は、以下の3つのケースとなった。

①「特定有害物質の製造、使用又は処理をする水質汚濁防止法の特定施設」に係る工場・事業所(有害物質使用特定施設)の廃止時(改正法第3条)

②一般に、3,000㎡以上（現に有害物質を使用している特定施設の場合は900㎡以上）の土地形質変更時に、土壌汚染のおそれがあるとして都道府県知事による土壌汚染の調査命令が出た時(改正法第4条)

③都道府県知事が土壌汚染により人の健康被害が生ずるおそれが

あると認めた時(改正法第5条)

(3)「形質変更時要届出区域」と「要措置区域」

　調査の結果、環境基準値以上の特定有害物質による汚染が認められた場合、都道府県知事はその土地の区域を「形質変更時要届出区域」または「要措置区域」として指定・公示し、台帳を調製する。また、当該土地が指定区域・届出区域の対象外となった場合には、指定解除台帳が作成され、履歴が保存されることになっている。

「形質変更時要届出区域」……基準を超える汚染があるものの、地下水汚染を含め健康上の被害がないものとして通常の使用が可能な地域。ただし、将来土を掘削、移動したりして汚染拡散のおそれが発生する時には都道府県知事への届出が必要となる。

「要措置区域」……土壌汚染が判明した土地で、健康上の被害防止の観点から、盛土、封じ込め等の何らかの措置を義務付けている区域。必要な対策は都道府県知事が指示する。

　なお、自主調査において土壌汚染が判明した場合、土地の所有者等は2つの区域の指定を申請することができる。(改正法第14条)「要措置区域」で封じ込め等汚染の拡散防止措置を実施した後は「形質変更時要届出区域」となる。いずれの区域も完全に浄化が完了すれば「指定解除」される。地下水汚染があった場合は、浄化後2年間モニタリングが必要である。

(4)搬出土壌の適正処理の確保

　汚染土壌を搬出する場合、その着手の14日前に届け出ること、搬出土壌に関する管理票の交付及び保存が義務化された。また、搬出土壌の処理業についての許可制度が新設された。

(5)その他の変更

　指定調査機関の信頼性を向上させるため、指定調査機関は5年ごとの更新が必要になった。また、技術管理者の設置が義務づけられた。

② 土壌汚染に関する初期調査

　地球環境に対する意識の高まり、事業用不動産の流動性の増大と共に、「土壌汚染」とそれに伴う「地下水汚染」がクローズアップされるようになった。これらの汚染は、不動産の価値に影響を与える可能性が極めて高いため、不動産の調査に当たっては、漏れのないようにしなければならない。

1. 土壌汚染に関する初期調査
　初期調査として、汚染の可能性の有無の調査を、地歴調査を中心として、以下の手順により行う。
⑴所有者へのヒアリング
　可能であれば、所有者に対して、過去の使用状況等についてヒアリングを行う。
⑵(閉鎖)登記簿のチェック
　調査対象地の(閉鎖)登記簿を閲覧する。過去に特定有害物質を使用する可能性のある業種の企業が所有者であった場合、土壌が汚染されている可能性もある。また、これにより、汚染原因者の特定が可能になる場合もある。
⑶地図・航空写真等のチェック
　登記簿では必ずしも、その土地の使用方法まで明らかにならない場合も多いので、図書館等で過去の住宅地図、航空写真や古地図、地形図などの確認が必要になる場合もある。例えば、今は一般の住宅が建っているが、過去には工場などの敷地だった場所などは要注意。また、行政、地元精通者へのヒアリングも有用。
⑷土壌汚染対策法上の区域に指定されているか否か
　土壌汚染対策法で要措置区域、形質変更時要届出区域(旧法であれば指定区域)の台帳を閲覧する。これらの区域に指定されている場合は、台帳記載事項(汚染状況、除去措置の有無、現在の状況等)のチェックを行う。なお、台帳の管理は、都道府県の環境部、環境保全部といった環境担当部署である。

過去に有害物質使用特定施設の敷地であった土地であっても、土壌汚染対策が講じられ、土壌汚染が認められなくなった区域については、都道府県が解除された区域の台帳を作成することになっているので(土壌汚染対策法第15条)、これを閲覧する。

(5)調査命令の確認

　調査対象地がそれぞれの区域に指定されていない場合でも、人の健康被害が発生する可能性があるとして、都道府県知事が調査命令を発している場合もあるので、その旨を上記の環境担当部署で確認する。調査命令が出ている場合は、土壌汚染が存在している可能性が高いと考えるべきである。

〈地歴調査の方法〉

有害物質を扱うような施設がないか	対象地 周辺地	【住宅地図/空中写真/地形図】
有害物質を扱いそうな名称の法人が所有していないか	対象地	【土地登記簿】
有害物質を使用する設備を設置していないか	対象地 周辺地	【公的届出】 ・水質汚濁防止法特定施設設置届 ・下水道法特定施設設置届 ・その他法令 / 条例関連届 等
土壌汚染につながりそうな事象はないか	対象地	【ヒアリング/現地確認】 ・化学物質の取り扱い ・廃棄物の取り扱い ・作業工程 ・汚染懸念場所の確認 　地表の高さの変更 等
地下水の有無、流れる方向はどうか	対象地 周辺地	【地形図/地質図】

対象地 対象地由来の汚染の可能性　　　　周辺地 周辺からの汚染流入可能性

③ 土壌汚染と不動産評価

　土壌が汚染されている場合の土地の評価方法は未だ確立されていないが、現段階において実務上実施可能で最も一般的であると思われる、土壌汚染地の評価方法は次のようなものになる。

1. 土壌汚染の有無の確認と調査
(1)初期調査
①現地調査
　対象不動産を実地検分し、土壌汚染の兆候を判断する。
②聴聞
　所有者あるいは地元精通者などから有害物質使用の履歴や過去の地歴、地域の状況などをヒアリングする。
③公開資料調査
　土壌汚染対策法等の法令に基づく規制に係る調査を行う。法令上の指定の有無のほか過去の地図や航空写真、社史・事業歴などによる地歴調査・事故調査、井戸水調査の結果、役所の資料などにより土壌汚染の有無の可能性を判断する。
(2)概況調査
　初期調査で汚染の可能性が判断された場合、敷地全体について汚染物質使用履歴に応じた範囲ごとのサンプリング調査を行って分析を行う。これにより、汚染の存否、汚染物質の平面的な分布の把握などがなされる。
(3)詳細調査
　ボーリング装置などを利用して、深さ方向で土壌サンプルを採取・分析したり、地下水調査を行ったりして、汚染物質の内容や汚染の範囲を絞り込む。

2. 土地の評価方法
(1)土壌汚染が存しないことが判明している場合
　すでに土壌汚染状況調査が行われ、調査によって汚染がないこ

とが判明している場合と、汚染があったが、すでに浄化が行われている場合の2種類がある。いずれの場合も、土壌汚染は価格形成要因から除外して通常の評価を行う。

(2)土壌汚染が存することが判明している場合

①原則的な方法

　調査によって土壌汚染が存することが判明している場合の評価方法の原則は次のとおりである。

$$\text{土壌汚染がある土地の評価額} = \text{土壌汚染がないものとしての土地価格} - \text{浄化措置費用} - \text{心理的嫌悪感(Stigma)減価}$$

　この場合、専門機関に浄化費用の見積額を算出してもらい、土壌汚染がないものとしての評価額から浄化見積額と浄化後の心理的嫌悪感にかかる減価額を控除して求める。この際、鑑定評価書には当該見積りの概要および判定等の内容を記載しなければならない。ここでいう心理的嫌悪感減価とは、過去に対象地が有害物質に汚染されていたという事実を嫌悪することに基づく減価をいい、スティグマ(Stigma)と呼ばれることもある。

②想定上の条件を付して鑑定評価を行う方法

　浄化費用の見積りには土壌汚染調査のための多額の費用と期間が必要になるが、「土壌汚染の除去等の措置がなされたものとして」という想定上の条件を付して評価を行う方法がある。実際には要望の多い方法であるが、この場合には「実現性」「合法性」「関係当事者および第三者の利益を害するおそれがないこと」の3要件を満たす必要がある。

③合理的な推定による方法

　近隣で同様な土壌汚染浄化事例がある場合には可能であるが、現時点ではデータが不足しているため、精度の高い評価は困難である。

④不動産鑑定評価書としない方法

　土壌汚染の存在が疑われる場合であっても、「土壌汚染を考慮外として」評価して欲しいというニーズは多い。この場合、別途調査を行う予定であったり売買当事者間で対応を取り決めていたりするなど関係当事者および第三者の利益を害するおそれがないと判断される場合には、鑑定評価基準に拠るものでないことの了解を得たうえで、「価格調査報告書」などとしてニーズを満たすことができる。

④ アスベスト対策

アスベストは石綿とも呼ばれる天然の鉱物繊維で、安価でありながら耐久性、耐火性、断熱性に優れた特性を持つことから、建築資材などに多く使われてきた。2005年6月にアスベスト製品工場での健康被害が公表されたことをきっかけに、その有害性が社会問題化し、現在では一部の特殊な製品を除き、アスベストの使用は全面禁止となっている。しかし、それ以前に建てられた多くの既存の建物についてはアスベスト対策が必要とされている。

1. アスベストの危険性

アスベストは、繊維が極めて細かく軽いため飛散しやすく、それを吸入すると肺の中に残り、数十年の潜伏期間を経て、肺がんや悪性中皮腫などの重篤な健康障害を発症することが確認されている。

2. 建築物におけるアスベストの使用部位と形態

建築物のアスベストは大きく分けて次のような使用形態がある。
①吹付けアスベスト、アスベスト含有吹付けロックウール

アスベストとセメントとを一定割合で水を加えて混合し、吹付け施工したもので、鉄骨柱・梁の耐火被覆、ビルの機械室、駐車場、体育館、工場等の天井、壁の吸音・断熱に使用されている。吹付けアスベストが原則禁止となった後で代替的に用いられた吹付けロックウールは、切り替え後の一時期、微量のアスベストを混ぜて使用していたこともあった。
②アスベスト保温材・耐火被覆材等

配管やポンプ、バルブなどに巻きつけて使われる保温材・断熱材のほか、鉄骨材等の耐火被覆材として用いられている。
③アスベスト成形材

多くの石綿スレート製品などが、防火性、耐水性が求められる建物の外壁、屋根をはじめとして広い範囲で使用されている。

3. アスベストに関する規制と既存建物のアスベスト対策

(1)製造、使用に係る規制

　アスベストの使用については1970年代から段階的に規制が強化されてきたが、2006年9月の労働安全衛生法施行令の改正で、アスベストおよびアスベストをその重量の0.1%を超えて含有するすべての物の製造・輸入・譲渡・提供・使用が禁止された。また建築基準法は同年10月施行の改正で、吹付けアスベストとアスベスト含有吹付けロックウールの使用を規制するとともに、増改築時の除去等を義務づけた。

(2)建物の売買、交換または賃貸借に係る規制

　2006年4月施行の宅地建物取引業法施行規則の改正以降、宅地建物取引業者はアスベスト使用の有無の調査結果が記録されているときは、その内容を買主や借主に対し重要事項として説明することとなっている。

(3)建築物からのアスベスト粉じん対策

　吹付けアスベストがある建物で事業を営む事業者や、当該建物の所有者、管理者は、就業者がその粉じんにばく露するおそれがあるときは、除去、封じ込め、囲い込みなどの措置を講じることが石綿障害予防規則で義務づけられている。建物において、アスベスト含有吹付け材の有無や、その損傷・劣化の状態、使用頻度、アスベスト粉じん濃度等を点検、確認し、その状況を総合的に勘案して判断の上、除去等の措置をとる必要がある。また、措置が必要でない場合であっても将来的に損傷・劣化等によりアスベストの粉じんが飛散するおそれがあるため、定期的な点検とその結果の保存が望ましい。

(4)建築物の解体等の作業におけるアスベスト対策

　アスベスト使用の可能性のある既存建築物の老朽化が進み、今後解体作業等の増加が予測される。建築物の解体等の作業、封じ込め・囲い込みの作業は、粉じんを発散させる可能性により3種類の作業レベルに区分され、作業方法等が定められている。

作業レベル	建材の種類	発じん性	対策等
レベル1	吹付けアスベスト	著しく高い	隔離措置・粉じん除去設備の設置、作業者以外の立ち入り禁止、電動ファン付き呼吸用保護具の使用など露防止対策が必要
レベル2	アスベスト保温材、断熱材、耐火被覆材	高い	粉じん除去設備の設置、作業者以外の立ち入り禁止など、レベル1に準ずる対策が必要
レベル3	アスベスト成形板	比較的低い	湿式作業を原則として、発じんレベルに応じた防じんマスク、保護衣・作業衣の使用

⑤ PCB（ポリ塩化ビフェニル）とは

　既存の古いビルの中には、屋上の高圧受電設備などにPCB製品が使われていたり、PCB廃棄物が隔離・保管されていることがある。PCBは環境中での残留性が高く、人や生態系に有害な化学物質として、国際的に協調して除去、廃絶に向けた取り組みがなされている。PCB製品は使用中であれ保管中であれ、いずれ処理しなければならず、それまでの間の管理・保管および処理には、かなりの経済的負担が予想される。

1. PCBとは

⑴ PCBの特性と用途

　PCBは絶縁性や不燃性に優れた特性を持つ物質で、電気機器の内部絶縁油をはじめ感圧複写紙や塗料など幅広い用途に使用されていたが、その毒性が社会問題化し、日本では1974年に製造・輸入・使用が原則として禁止された。多くのPCB製品は回収されたり、使用が中止されたが、トランス(変圧器)やコンデンサーなど、PCBが製品内に密閉された機器の使用は禁止されず、使用量は減少傾向をたどっているものの、現在でも使用されている。

⑵ PCBの毒性

　PCBの脂肪に溶けやすいという性質から、慢性的な摂取により体内に蓄積し、目やに、爪や口腔粘膜の色素沈着、座瘡様皮疹(塩素ニキビ)、爪の変形、まぶたや関節の腫れなどの中毒症状のほか、肝機能障害などが報告されている。

⑶ PCBの処理

　使用されなくなったPCB使用機器などのPCB廃棄物については、処理施設の整備が進まなかったことなどから、事業者が長期間保管する状況が続いてきた。2001年の「ポリ塩化ビフェニル廃棄物の適正な処理の推進に関する特別措置法（PCB特別措置法）」の制定で、中間貯蔵・環境安全事業株式会社(JESCO、国の特殊法人)がPCB処理を実施する制度的枠組みが整い、2004年から

処理施設による本格的な処理が始まった。

2. ＰＣＢ廃棄物の保管

　ＰＣＢ廃棄物については、「ＰＣＢ特別措置法」で、譲渡できないことが定められている。ＰＣＢ廃棄物を保管している不動産の所有者は、その不動産を売却した後も処理が完了するまで自ら場所を確保し、移設・保管する義務を負っている。したがって万一、取得予定の不動産にＰＣＢ廃棄物が発見された場合、売り主に対して速やかに当該物件以外の場所へ移設するよう要請すべきであろう。なお、ＰＣＢ廃棄物の保管にあたっては、「廃棄物処理法」に基づく「特別管理産業廃棄物」として、保管する施設ごとに管理者を選任して届けるなど特に厳格な管理が必要とされている。2012年12月、「ＰＣＢ特別措置法施行令」が改正され、保管者の処理期限は2016年から2027年に延長された。

3. ＰＣＢ製品の使用

　ＰＣＢ使用機器を継続して使用する場合にも適正管理の徹底が求められる。例えば東京都の指導要綱では、使用の届け出、使用状況について毎年度報告を義務づけるとともに、ＰＣＢの使われていない代替機器に計画的に交換することを求めている。交換した後も使用中止に伴う保管の届け出が必要である。いったん取り外した機器は再度使用できないため、ＰＣＢ廃棄物として処理が完了するまでの間、厳格に保管することになる。

　また、ＰＣＢを使用していないとするトランスやケーブルなど一部の電気機器にごく微量のＰＣＢに汚染された絶縁油を含むものが存在することがわかっており、この微量ＰＣＢの処理についてもＰＣＢ廃棄物として適正に処理する必要がある。

6 省エネ法と東京都環境確保条例の改正

　地球温暖化の主因とされるCO_2排出量の増加が続くオフィスビルや店舗など、これまで手薄だった業務部門に対する国の規制が強化された。また、全国のオフィスビルの半数以上が集中する東京都は条例を改正して都内の大規模事業所を対象に罰則を伴う温室効果ガス排出の総量削減義務を課すこととしている。

1. 省エネ法の改正

　温室効果ガスの9割はエネルギー起源のCO_2であり、地球温暖化対策の推進のために省エネルギーの強化が求められている。国は2008年、業務部門のエネルギー対策強化を主眼として「省エネ法」(エネルギーの使用の合理化に関する法律)を改正した。

(1)規制対象の拡大

　改正された「省エネ法」では、エネルギー管理義務の対象が事業所単位から事業者(企業)単位に変更された。企業全体での年間のエネルギー使用量が原油換算で1,500kℓ以上であれば、エネルギー使用状況を届け出て「特定事業者」の指定を受けなければならない。コンビニなどのフランチャイズチェーンも単一の事業者とみなして規制対象となる(「特定連鎖化事業者」)。

(2)義務等

　特定事業者等は、①エネルギー管理統括者の選任など企業全体としてのエネルギー管理体制の構築と管理の実施、②定期報告書・中長期計画書の提出が義務づけられる。

　なお、温室効果ガス排出量の報告を義務づけた「温対法」(地球温暖化対策の推進に関する法律)も同様に事業所単位から事業者単位に変更され、企業全体で排出量が一定規模以上ならば排出量の算定と定期報告、公表が義務づけられることになった。

2. 東京都環境確保条例の改正

　東京都では、これまでも大規模事業所に対し「東京都環境確保

条例」(都民の健康と安全を確保する環境に関する条例)で、エネルギー起源のCO_2排出量の把握と削減目標の設定、対策を義務づけていたが、東京全体の温室効果ガス排出量削減目標(2030年までに2000年比30%減)の達成のために抜本的強化を目的として国内初の総量削減義務と排出量取引制度(「キャップ＆トレード」)を導入した条例改正を行った。

(1)温室効果ガスの総量削減義務

各事業所の実績から算定する「基準排出量」に、都が設定する「削減義務率」を乗じた「削減義務量」を事業所ごとに算出して、これを計画期間中に達成することを義務づけるというもの。オフィスビルを含む業務部門の削減義務率は、第1計画期間(2010〜14年度)で基準排出量に対して平均8％、第2計画期間(2015〜19年度)は17％であったが、第3計画期間(2020〜2024年度)においては、27％とさらに高い削減率が適用される見通しである。

(2)排出量取引の導入

総量削減義務の履行手段として、対象事業所が自ら削減する以外に、補完的に他者の削減量の取得を認める「排出量取引」がある。取引の対象として一定の条件のもとに、①他の対象事業所の超過削減量、②都内中小事業所の削減量、③グリーンエネルギー証書等の購入、④都外大規模事業所の削減量、および⑤埼玉連携クレジット(埼玉県の制度での一定の削減量)、の5種類を認めるとしている。また、2018年からは、上記による超過削減量とオフセットクレジットを制度外に活用することも可能となった。

	省エネ法 (工場・事業所)	東京都環境確保条例	
規制対象	年間エネルギー使用量の合計が1,500kℓ(原油換算)以上となる事業者	年間エネルギー使用量が1,500kℓ以上の事業所	同30kℓ以上1,500kℓ未満の事業所の使用量合計が3,000kℓ以上となる事業者
	年間エネルギー使用量「原油換算1,500kℓ」…(延床面積:約30,000㎡、電気量:約600万kWh 相当)		
	事業者単位	事業所単位	事業者単位
規制内容	・エネルギー管理体制構築、管理実施 ・定期報告書・中長期計画書の提出	・地球温暖化対策計画書の提出 ・総量削減義務	地球温暖化対策報告書の提出

7 環境配慮型不動産とビルの環境格付け(CASBEE)

　建物の省エネルギー・CO_2削減対策が急務になっている中、環境負荷を抑えつつ居住環境の質も高めた環境配慮型不動産が注目を集めている。また、環境配慮を単なるコンプライアンス対応としての法令規制のクリアにとどめず、それによって積極的に「環境格付け」を取得するビルの事例が出てきている。

1. 環境配慮型不動産とは
(1)環境配慮型不動産
「環境配慮型不動産」は、グリーンビルディングなどとも呼ばれ、省エネや省資源など環境性能に優れた建物を指す言葉として一般的に用いられるようになってきている。具体的な環境配慮事項としては、①周辺環境への配慮、②運用段階の省エネルギー・省資源、③長寿命化、④エコマテリアルの採用、⑤(資材等の)適正使用・適正処理——などが挙げられる。
(2)サステナブル・ビルディング
　欧米で「グリーンビルディング」とともに使われる「サステナブル・ビルディング」は、人によって定義の差はあるが、共通しているのは、単に省エネ・CO_2排出量の削減などの条件を満足するだけでなく、生活の豊かさを維持しながら環境負荷低減と資源消費の削減により、持続可能な社会(サステナブル社会)の一端を担うという視点を内包している点である。「サステナブル建築」の概念は日本建築学会の定義によれば「地域レベルおよび地球レベルでの生態系の収容力を維持する範囲内で、①建築のライフサイクルを通して省エネルギー・省資源・リサイクル・有害物質の排出抑制を図り、②その地域の気候・伝統・文化および周辺環境と調和しつつ、③将来にわたって人間の生活の質を適度に維持、向上させていくことができる建築物」とされている。

2. ビルの環境格付け

　ビルの環境負荷の配慮の度合いなどを評価してランク付けする試みは1980年代から世界各国で始まり、イギリスのBREEAM（1990年）、アメリカのLEED（1996年）のほか、カナダ、オーストラリア、ドイツ、イタリアなどでそれぞれ開発・運用されている。BREEAMやLEEDは自国だけでなく複数の国の不動産投資市場でデュー・デリジェンスのために用いられる指標の一つになっている。

　日本においては、産官学共同でスタートしたCASBEE（キャスビー）が多様な尺度を提供しているほか、日本政策投資銀行が創設したDBJ Green Building認証がある。

3. CASBEE（建築環境総合性能評価システム）

　CASBEEは、省エネや省資源、リサイクル性能といった環境負荷削減の側面と、室内の快適性や景観への配慮など環境品質・性能の側面とを一体的に評価する建築物の環境性能評価システムである。

(1) CASBEEの評価項目

Q 建物の環境品質・性能			L 建物の環境負荷		
室内環境	1 音環境		エネルギー	1 建物の熱負荷抑制	
	2 温熱環境			2 自然エネルギー利用	
	3 光・視環境			3 設備システムの高効率化	
	4 空気質環境			4 効率的運用	
サービス性能	1 機能性		資源・マテリアル	1 水資源保護	
	2 耐用性・信頼性			2 非再生性資源の使用量削減	
	3 対応性・更新性			3 汚染物質含有材料の使用回避	
室外環境（敷地内）	1 生物環境の保全と創出		敷地外環境	1 地球温暖化への配慮	
	2 まちなみ・景観への配慮			2 地域環境への配慮	
	3 地域性・アメニティへの配慮			3 周辺環境への配慮	

　CASBEEは「サステナブル・ビルディング」を評価し格付けするシステムであり、「環境配慮型不動産」での環境配慮項目（1.(1)参照）に加えて、室内の音や光環境など、建物の使い勝手やユーザーのアメニティの向上に影響する項目が評価対象となっていることが大きな特徴である。

　評価内容は、建物の環境品質・性能に関わる項目（Q：Quality）と外部への環境負荷に関わる項目（L：Load）の2つの分野から構

成されている。QとLはそれぞれ3つの大項目からなり、これらに関わる100余の小項目をそれぞれ5段階で評価する。

(2)環境性能効率（BEE：Built Environment Efficiency）による格付け

　CASBEEでは建物を評価する指標として、Qの評価得点とLの評価得点の比で定

$$BEE(環境性能効率) = \frac{Q \; 環境品質・性能}{L \; 環境負荷}$$

義される環境性能効率(BEE)を用いる。これは「より大きな価値をより小さな環境負荷で」創出するという、環境と経済の両面の効率性を示す環境効率の概念を導入したものである。負荷を2分の1に下げ、品質を2倍に向上させれば、評価は4倍になるが、このとき品質も2分の1に落ちてしまえば、評価は変わらないことになる。

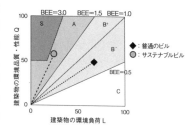

　CASBEEの格付けはBEEの値に応じて、「Sランク(素晴らしい)」から「A(大変良い)」「B＋(良い)」「B－(やや劣る)」「C(劣る)」の5段階に設定されている。BEE値は図のように、縦軸にQ、横軸にLを取ることにより原点からの傾きとして表示することができる。Qが大きくLが小さくなればなるほど、BEE値は上昇し、CからSへと建物の格付けが上がっていく仕組みである。

(3) CASBEEの評価ツール体系(CASBEEファミリー)

　CASBEEには、建築物のライフサイクル(企画・新築・既存・改修の各段階)に対応した基本ツールと、個別の目的に応じた拡張ツール(戸建住宅、ヒートアイランド対策、まちづくり)が用意されている。さらに地方自治体での建築行政にも利用できる「自治体版CASBEE」など複数の評価ツールが開発され、体系的な充実が図られている。

(4) CASBEEの普及状況

　CASBEEの適正な評価・運用のため、認証機関による認証制度と、評価員登録制度が設けられている。評価認証の申請を行う

場合には、あらかじめ登録評価員による評価が必要である。これまで認証機関の認証を取得した建物は約390件で、その他「戸建評価認証」「不動産評価認証」等を受けたものを合わせると700件を超える。また、認定認証機関の数も13となっている。

一方、建物を新築する際にCASBEEを用いた環境評価の届け出を義務づける地方自治体が増えており、現在24の自治体で導入されている（件数などは2018年8月末現在、認証機関数は2019年3月末現在）。

4. 環境性能評価とESG投資

このようにCASBEEの環境性能評価ツールとしての認知度が高まるにつれ、自治体によるインセンティブの方策が拡大されつつある。CASBEEで高い格付けを得た建物は、快適性と環境へのやさしさを兼ね備えた建物ということができるが、それを鑑定評価などを通じて不動産価値に結びつける試みが進展しているところである。

一方、近年「ESG投資」が話題となっている。これは「Environment」「Social」「Governance」の頭文字をとったもので、投資の判断をする際に、従来のような収益性に加え、環境や社会への影響、企業統治等にも配慮すべきというものである。最初のEが環境であることから、今後の不動産投資にあたっても環境的な側面がますます重視されるようになると考えられる。

5. GRESB(Global Real Estate Sustainability Benchmark)

不動産セクターの環境・社会・ガバナンス(ESG)配慮を測る年次のベンチマーク評価であり、責任投資原則（PRI）を主導した欧州の主要年金基金グループを中心に2009年に創設された。PRIには2015年にGPIFが、また2016年には企業年金連合会が署名したことで話題となった。

日本のCASBEEやDBJ Green Building認証等の環境認証が、個別ビルの環境性能を評価する指標であるのに対して、GRESBは不動産ポートフォリオ、ファンド単位で環境配慮を評価する指標である。2016年から評価枠組みの種類が増え、各参加者の総合ス

コアの相対評価による「GRESBレーティング」が導入されている。

2018年のGRESBには、全世界で903社が参加しており、日本では、J-REITの38投資法人（時価総額ベースでは市場の89%）を含む61社が参加している。今後もESGの進展により、参加者が増加すると考えられる。

6. フロンガス対策

フロンガスによるオゾン層の破壊が問題になって久しい。一部のフロンについては2020年から生産が全廃されることになっている。このフロン問題について概観する。

フロン（フルオロ・カーボン、フッ素と炭素の化合物）は1928年に発明され、無臭・不燃等の優れた性質から、当時冷媒の主流であったアンモニアや二酸化炭素にとって代わり、その後長い間利用されてきた。しかし20世紀後半にはオゾン層を破壊する性質が明らかとなり、「オゾン層の保護のためのウィーン条約(1985年)」及び「オゾン層を破壊する物質に関するモントリオール議定書(1987年)」を受けて、日本でも「オゾン層保護法(1988年)」が成立するに至る。この流れの中で、オゾン層破壊効果が大きいCFC（クロロ・フルオロ・カーボン）は1996年に生産が終了となり、比較的破壊効果が少ないとされて、生産・使用が続いていたHCFC（ハイドロ・クロロ・フルオロ・カーボン）も、2020年1月1日から国内での生産が全廃となる。

上記のCFC、HCFCは「特定フロン」と呼ばれているが、この「特定フロン」に代わり、既に一定のシェアを占めている「代替フロン（HFC、ハイドロ・フルオロ・カーボン）」が注目されている。しかし、これはオゾン層の破壊効果は無いものの、温室効果が二酸化炭素の1,000〜2,000倍もある物質であり、モントリオール議定書でも2019年からの生産削減が掲げられている。

この間オゾン層保護法が改正され、2019年以降国内の代替フロンの生産・消費量を引き下げていくとともに、代替フロンに代わるグリーン冷媒の開発・導入を推進することとしている。一方、使用済のフロンの扱いについては2001年にフロンの回収を義務づけた「フロン回収・破壊法」が成立した。これは2013年に全面改正され

フロン使用機器の管理等、フロンのライフサイクル全般をカバーした「フロン排出抑制法」となっている。

　現在、環境にやさしい「グリーン冷媒」として挙げられているものは、二酸化炭素、アンモニア（温室効果は二酸化炭素と同等）、HFO-1234yf（二酸化炭素と同等）、イソブタン（同4倍）と、代替フロンよりは大幅に温室効果の小さいものであり、更に別の候補も研究されている。

8 建物の耐震基準

日本では数十年〜数百年程度の間隔で大地震・巨大地震が発生している。現在では東海地震、東南海・南海地震、首都直下地震等の大規模地震の発生の切迫性が指摘され、建物の耐震強度に対する関心は高まっている。

1. 新耐震基準

建物の耐震強度基準は建築基準法に定められており、その基準はこれまで大規模な地震により大きな被害が発生する都度改定されてきた。現行の基準は1981年から施行されているもので、それ以前の耐震基準と区別するために「新耐震」基準と呼ばれている。

1995年1月に起きた阪神・淡路大震災では、1980年以前の建物に被害が集中し、「新耐震」基準で設計された建物は比較的被害が軽微であったことから、「新耐震」基準はおおむね妥当であるとされている。

なお、建築基準法の耐震基準は、建物の倒壊防止、人命確保という、いわば必要最低限の安全確保の観点で基準が決められていることを改めて認識しておく必要がある。「新耐震」基準であっても、建物の設備・内外装の破損や家具の転倒による被害などの回避、さらに地震後の機能維持、資産価値の保全まで保証するものではない。100年に一度の災害に全く壊れないほど頑丈に設計することは、経済合理性の観点から過剰であるという考え方からきている。

2. 既存建物の耐震改修

日本には、「新耐震」以前の建物が現在でも数多く存在し、全国で約655万戸ある分譲マンションのうち約104万戸が該当する（2018年末）。また都心5区にある大規模なオフィスビルでも約2割余り（棟数ベース）が1980年代以前に竣工した「旧耐震世代」のビルというデータがある。これらについては耐震性能が劣っている可能性があり、耐震改修等による耐震化を図ることが喫緊の課題である。

(1)耐震診断

　耐震化を進めるには耐震診断を行い適切な耐震改修を実施する必要がある。耐震診断の結果は耐震改修等の対策が必要か否か、改修等をどの程度まで行うかの判断基準となる。耐震診断では、図面や現地での調査に基づいて算出される構造耐震指標（Is 値）という数値で建物の耐震性能を評価する。この指標は、建物の強度・じん性（変形性能）・建物形状・経年状況を考慮して耐震性能を数値化したもので、「耐震改修促進法」等では Is 値が0.6以上を耐震性能を満たす目安としている。

(2)耐震改修

　耐震診断の結果、耐震性が低いことが判明した場合、耐震化手法（耐震改修か建替えか）を検討することになるが、老朽化等に伴う耐震化以外の修繕・改修が必要な場合もあるので、耐震性能のほか建物の老朽度を総合的・客観的に把握する必要がある。

　耐震補強の方法としては、①強度を増す補強、②変形性能（じん性）を増す補強、③強度と変形性能を増す補強、④建物にかかる力（地震力）を低減させる方法などがある。

補強のタイプ	具体的な工法
①強度を増す補強	耐震壁、ブレース（筋かい）、袖壁の増設など
②変形性能を増す補強	柱に溶接金網や鋼板巻き、炭素繊維シート巻きなど
③強度と変形性能を増す補強	①と②の併用
④地震力を低減させる方法	制震工法：構造体の特定の場所に「ダンパー」を設置し、その「ダンパー」に地震エネルギーを吸収させる。または、建物の高層階に重りや水槽等を設置し、これらの揺れを利用して振動を抑える方法もある。
	免震工法：建物の下部に変形しやすい積層ゴムなどの部材を設置して建物と地盤を絶縁させ、地盤からの揺れを伝わりにくくする
	減築：建物の重量を減らすことにより、地震力を低減させる

(3)耐震改修促進のための支援等

　1995年より施行されている「耐震改修促進法」では、一定の「旧耐震」建物の耐震改修の努力義務とともに、改修計画の「認定制度」を設けている。認定を受けることにより「耐震」以外の既存不適格要件に関して建築基準法上の特例措置が認められることを可能と

した。

　同法はその後の新潟中越地震や東日本大震災等を受け、2006年、2013年、2019年と改正されてきた。現在では、不特定多数の者が利用する建築物及び避難弱者が利用する建築物のうち一定規模以上のものや、都道府県または市町村が指定する緊急輸送道路等の避難路沿道建築物等につき耐震診断を義務付け、その結果を公表することとしている。

　同時に、耐震診断、耐震改修に関わる支援制度も拡充した。耐震改修を行う場合に認定制度を設け、認定を受けた場合は容積率等が緩和される場合があるほか、低利融資や税制上の優遇措置、補助・交付金制度が利用できる。

3. 地震リスク評価の指標…PML(Probable Maximum Loss)

　投資用の証券化不動産や企業のリスクマネジメントにおける地震リスク評価で用いられる指標として PML が知られている。特にデュー・デリジェンスにおけるエンジニアリング・レポートでの地震リスク評価で目にすることが多い。この指標は、50年間で10% の確率(再現期間475年)で発生する程度の大地震によって建物が受ける被害の予想最大損失率で、被害損失額の再調達価格に対する割合で定義される。この値が小さいほど地震リスクが低いとみなせる。PML 値は建物固有の構造耐震指標(Is値)や、その建物が立地する地域の地震環境に基づく揺れの大きさの予測(「地震ハザード」という)などをベースに、調査会社ごとに独自のシステムで算出されている。

　J-REIT など不動産ファンドでは、個別の建物の PML とは別に、複数建物の「ポートフォリオ PML」を発表している。建物の立地場所の地震ハザードに違いがあるため、一般に「ポートフォリオ PML」値は異なる。

> 【ポートフォリオ PML 値が異なる例】
> 　首都圏集中の　　　　＞ 全国広域に散在した
> 　ポートフォリオ PML　　ポートフォリオ PML

4. 超高層ビルの長周期揺れへの対策

　東海、東南海、南海地震などの巨大地震が起きた場合、東京などの大都市を、数秒から十数秒の周期でゆっくりとした揺れが襲うとされている。この揺れは「長周期地震動」と呼ばれ、東日本大震災の際には震源から遠く離れた東京の超高層ビルが共振したことは記憶に新しい。一方、最近になり「長周期地震動」の解析が進み、長周期地震動を受けた際の超高層ビルの挙動も明らかになってきた。

　現在では、大都市を巨大地震が襲った場合は、ビル内待機（施設内待機）を要請する自治体も出てきている。また、ビル自体も非常発電装置の装備、これに係る燃料等の備蓄を充実させ、数日間の避難には十分耐えるようなものも出てきている。

第 12 章

2020年改正民法と不動産

① 売買に関する項目

2020年4月1日から「民法の一部を改正する法律」、いわゆる改正民法が施行される（本書では、改正前の民法のことを「旧民法」という）。

民法には契約等に関する最も基本的なルールが定められており、契約や債権に関する部分は「債権法」とも呼ばれる。この債権法については1896年に民法が制定されてから実質的な見直しがほとんど行われておらず、今回が初めての大改正となる。

ここでは、不動産に関連する主な改正項目を、売買に関する項目と賃貸に関する項目に分けて解説する。なお、債権法は多くの条項が任意規定（当事者間で合意がなされない場合のルールを定める法律の規定のことをいい、法律の規定と異なる契約条項を締結した場合には法律の規定ではなく契約条項の内容が優先する）である点には注意が必要である。ただし、具体的にどの条項が任意規定であるかは旧民法でも改正民法でも明示されていない。

1. 契約に基づく債務が履行されなかった場合（改正民法第541条等）
(1)解除制度の位置づけの変更

民法改正によって、契約の解除の位置づけが変更される。旧民法では、解除は「債務者に対する責任追及の手段としての制度」と考えられてきた。これに対して改正民法では、解除をするのに債務者の帰責事由（契約内容や社会通念に照らして、債務者の落ち度というべき事由）は不要であるとの考え方のもと、解除は、「債権者を契約の拘束力から解放するための制度」と位置づけが変更された。

(2)解除の変更点

ここでは、不動産の売買契約において、期日になっても売主が不動産を引き渡さなかった場合を例にとって、改正点を解説する。

旧民法のもとでは、引き渡さなかった理由が売主の帰責事由による場合とそれ以外の場合に分けて考えられてきた。例えば、既に第三者に不動産を引き渡したなど、売主（債務者）に帰責事由がある

場合には、場合によっては催告の上で買主（債権者）が契約を解除でき、併せて損害賠償を求めることもできる。これに対して、例えば第三者が放火したなど売主に帰責事由がない場合、買主は契約を解除できない（旧民法第543条ただし書参照）。

　これに対し改正民法では、売主が引渡しを行わない場合には、売主に帰責事由があるか否かを問わず、買主は、場合によっては催告の上で売買契約を解除できることとされた（改正民法第541条。ただし、引渡しがなされないことについて買主に帰責事由があるときは、買主は解除をすることができない（改正民法第543条））。一方で、解除権を乱用することを防ぐため、債務の不履行が軽微であるときには、債務の履行がなされなかったとしても債権者は解除できないとの規定が新設された（改正民法第541条ただし書）。

(3)危険負担の変更点

　旧民法の規定上、天災で建物が滅失した場合など、売買目的物である不動産の滅失又は損傷により不動産を引き渡せないことにつき売主に過失がない場合には、買主は、不動産を手に入れられないにも拘わらず代金を支払わなければならないとされている。

　これは、不動産のような特定物を売買する際には、契約締結時以降は、買主が天災などによる特定物の滅失等のリスクを負うことになっているからである（債権者主義、旧民法第534条第1項）。ただし、この債権者主義は買主が不利であるため、通常は売買契約書上で特約が付され、引渡しの時までに生じた滅失等については売主がリスクを負担し、買主の代金支払義務を免除する等の対応がなされてきた。

　改正民法では、債権者主義を定めた旧民法第534条が削除され、不動産売買であっても債務者主義が適用され、上記のような場合、債権者（買主）は代金支払を拒むことができるようになった（改正民法第536条第1項）。ただし、引渡しがなされないことについて買主に帰責事由があるときは、買主は代金を支払わなければならない（改正民法第536条第2項）。

２．売買の目的物に欠陥があった場合(改正民法第562条第1項等)

(1)瑕疵担保責任から契約不適合責任へ

売買の目的物に欠陥があった場合の売主の責任について、旧民法のもとでは、特定物売買と不特定物売買に分けて考えられてきた。

　家電のような不特定物の売買では、欠陥商品を引き渡した売主は、契約上の義務を果たさなかったときの一般原則である債務不履行責任（旧民法第415条）を負う。一方、不動産取引のような特定物売買では、売主は、特定物を現状で引き渡す債務を負うものであって、欠陥のない完全な物を引き渡す債務を負うものではなく（旧民法483条）、特定物を現状で引き渡した以上は、当該特定物に欠陥があっても債務不履行責任を負わないとされ、その代わりに「瑕疵担保責任」（旧民法第570条）を負うと説明されてきた（法定責任説）。

　これに対し改正民法では、特定物売買か否かを問わず、「引き渡された目的物が種類、品質又は数量に関して契約の内容に適合しない」（改正民法第562条第1項）ときには、売主は債務不履行責任の一種である「契約不適合責任」を負うとされた（契約責任説）。つまり、欠陥のある不動産を引き渡した売主は、瑕疵担保責任ではなく一種の債務不履行責任を負うことになる。

　このように、旧民法の「瑕疵担保責任」と改正民法の「契約不適合責任」は位置づけが異なるため、以下のような違いが生じる。

(2)追完請求と代金減額請求(買主が有利に)

　旧民法下での不動産売買取引では、上記の法定責任説によれば、売主は欠陥のない不動産を引き渡す債務を負うものではないため、買主は売主に対して、瑕疵担保責任の追及としての契約解除や損害賠償はできる（旧民法第566条、第570条）ものの、「完全な物」を手に入れるために欠陥を修理させることは認められない、とされていた。また、損害賠償請求と別に、欠陥がある分代金の減額を請求することも、根拠がなく認められないと解されてきた。

　一方、改正民法の下では、契約解除や損害賠償に加えて、修理させること（追完請求、改正民法第562条）も減額させること（代金減額請求、改正民法第563条）も認められるため、買主の救済方法が多様になる。

(3)「隠れた瑕疵」から契約適合性判断へ

旧民法における瑕疵担保責任を追及するには、買主は購入した不動産に欠陥があることを知らず、かつ通常人が買主になった場合に普通の注意を払っても欠陥が発見できないものであること（「隠れた瑕疵」であること）が必要であった。

これに対し、改正民法の契約不適合責任にはそのような要件は設けられておらず、専ら「契約の内容に適合しない」か否かが問題となる。

(4)損害賠償請求には売主の帰責性が必要

旧民法における瑕疵担保責任では、売主の過失や帰責性の有無を問うことなく、買主は損害賠償を請求できると考えられてきた。しかし、改正民法の契約不適合責任は、債務不履行（改正民法第415条第1項）一般の損害賠償請求の要件に従うことになる。そのため、契約不適合があっても、売主に帰責事由がない場合には買主は損害賠償を請求できない。もっとも、売主に帰責事由がないことは、売主が立証しなければならず、帰責事由がないと認められることが容易でない可能性があるため、留意が必要である。

3. 消滅時効の期間及び権利の期間制限

(1)債権の消滅時効(改正民法第166条第1項)

旧民法では、権利を行使することができる時から10年で債権は消滅する（旧民法第166条第1項、第167条第1項）というのが原則であった。しかし、このほかに職業別に異なる時効期間が存在していた(旧民法第169条から第174条まで)。

改正民法では職業別の時効の規定が削除された（また、商事消滅時効(旧商法第522条)の規定も削除された)。債権の消滅時効は、権利を行使することができることを知った時から5年、又は行使できる時から10年と定められた（改正民法第166条第1項）。このいずれかの期間が経過すると、時効により債権が消滅する。

(2)種類又は品質の契約不適合の場合の権利の期間制限(改正民法第566条)

2.で解説した契約不適合のうち、「種類又は品質に関して」契約不適合であった場合には、改正民法においても、買主は「不適合を知った時から1年以内」に売主に通知しなければ、契約不適合責任

を追及することができない（数量不足や移転した権利が契約の内容に適合しない場合については、期間制限を設けないこととされた）。

　なお、旧民法の瑕疵担保責任では、欠陥があることを知ってから1年以内に、具体的に欠陥の内容と損害額算定の根拠を示すなどして損害賠償請求する旨を明確に告げる必要があるとされていたが（判例）、改正民法においては、目的物が契約の内容に適合しない旨を通知するものとされ、不適合の内容を把握することが可能な程度に、不適合の種類・範囲を伝えるものとされた。

② 賃貸借に関する項目

1. 個人根保証契約における極度額の導入(改正民法第465条の2)

　賃料保証など、一定の範囲に属する不特定の債務について保証する契約(根保証契約)については、主債務の金額が分からないため、保証人が将来想定外の債務を負いかねなかった。

　そこで、改正民法施行後に新たに契約を締結する場合は、極度額(保証人が支払いの責任を負う上限額)の定めのない個人根保証契約(保証人が法人でない根保証契約)は無効とされることになった。極度額は、主債務の元本だけでなく違約金や損害賠償などを全て含めた保証人の責任の上限であり、「○○円」などと明瞭に定めて書面に記載しなければならない。

2. 賃貸人の地位の移転(改正民法第605条の2、第606条の2)

　賃貸されている不動産の所有者が代わった場合に、新所有者は賃貸人となれるのか、賃借人に賃料を請求できるのかについて旧民法には規定がなかった。

　そこで改正民法では、賃貸借の対抗要件を備えていれば、特段の定めがなくても旧所有者から新所有者へ賃貸人の地位が移転する(新所有者が賃貸人となる)、という判例の内容が明文化された。(改正民法第605条の2第1項)

　しかし、実務上は旧所有者が引き続き賃貸人となる必要があることもある。たとえば旧所有者が賃貸不動産を信託銀行に信託し(ここで所有権は信託銀行に移る)、新所有者(信託銀行)が賃貸人としての義務を負わないスキームを構築する必要がある場合などである。

　このような実務上の要請をふまえて、改正民法第605条の2第2項では、新旧所有者間で、①旧所有者が引き続き賃貸人となる旨及び②当該不動産を新所有者が旧所有者に賃貸する旨の2点について合意がある場合には、賃貸人たる地位は新所有者に移転せず、旧所有者に引き続き賃貸人たる地位を留めることができる旨が定められた。

3. 賃借人の修繕権(改正民法第607条の2)

　賃借物はあくまで賃貸人の所有物であり、賃借人は手を加えられないのが原則であるが、賃借人が一切自分で修繕できないとすると不便である。旧民法では、賃借人がどのような場合に自分で修繕できるかが明確でなかった。

　改正民法では、①「賃借人が賃貸人に修繕が必要である旨を通知し、又は賃貸人がその旨を知ったにもかかわらず、賃貸人が相当の期間内に必要な修繕をしないとき」や②「急迫の事情があるとき」には賃借人が修繕できる(改正民法第607条の2)と定められた。

4. 賃借物の一部滅失等による賃料の減額 (改正民法第611条第1項)

　賃借建物の設備が故障した場合等、賃借物の一部が賃借人の過失によらないで滅失した場合、旧民法下でも賃借人は家賃を減額請求できる(旧民法第611条第1項) が、改正民法では賃借人からの請求を待たずに当然に減額されることになった。ただし、減額割合の算定基準の判断は容易ではないため、実務上はあらかじめ想定ケースに関して賃貸借契約書において規定しておくなどの対応が考えられる。

5. 原状回復義務の明文化(改正民法第621条)

　旧民法では賃貸借契約終了時の原状回復義務に関する規定はなく、実務上は判例等に基づく運用がされていた。これに対し改正民法では、賃借人は通常損耗 (通常の使用によって生じた傷みや経年劣化) に関しては原状回復義務を負わないことが明文化された。ただし、従来の判例や実務を整理したものであり、これまでの実務上の取扱いを変更するものではない。

　詳細は第3章を参照。

6. 敷金の明文化(改正民法第622条の2)

　賃貸借契約でごく一般的に取り交わされる敷金も、旧民法には規定がなかった。改正民法では、実務にならい敷金を「いかなる名目によるかを問わず、賃料債務その他の賃貸借に基づいて生ずる賃

借人の賃貸人に対する金銭の給付を目的とする債務を担保する目的で、賃借人が賃貸人に交付する金銭」と定義した。

賃借人による敷金返還請求権についても、「賃貸借が終了し、かつ、賃貸物の返還を受けたとき」に発生する、という判例の内容が明文化された。したがって、賃借人は先に明渡しを完了しないと敷金返還を請求できないことが明らかになった。

7. 契約更新時の留意点

原則として、施行日前(2020年3月31日以前)に締結した契約には旧民法が適用され、施行日後(2020年4月1日以降)に締結した契約には改正民法が適用される。

では、施行日前に締結した賃貸借契約及び当該賃貸借契約に基づく債務に係る保証契約について、施行日後に賃貸借契約を更新する場合には、賃貸借に関する規定や保証に関する規定について改正民法は適用されるだろうか。

賃貸借契約を当事者間の合意で更新すると、当事者は「更新により改正民法が適用される」と予測していると考えられるので、改正民法が適用される。一方、保証に関する規定(保証契約)については、仮に更新後の賃貸借契約に基づく債務についても保証する趣旨であり、かつ施行日後に一度も合意更新されていなければ、(賃貸借契約更新後であっても)旧民法が適用される。すなわち、個人が連帯保証人であっても、極度額を定めなくてよい。このことを示したのが下図である。

・賃貸借契約について合意更新がされ、保証については合意更新がされなかった場合

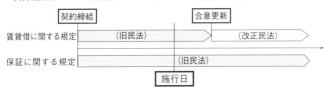

（出典：法務省 HP を基に作成）

<最後に>

ここまで、売買編と賃貸借編に分けて改正民法の内容を解説してきた。

多くの条項が任意規定（法律の規定と異なる契約条項を締結した場合には法律の規定ではなく契約条項の内容が優先する）であることにも留意して、契約書を作成する際には、想定されるトラブルに関する条項をきちんと盛り込み、当事者の意思を明確にしておくことがこれまで以上に求められるといえる。

索 引

〈執筆者紹介〉

**三菱ＵＦＪ信託銀行
不動産コンサルティング部**

お客さまの経営戦略（事業戦略・財務戦略等）を踏まえた不動産戦略（CRE 戦略）の策定・実行をサポートするための提案のほか、「不動産マーケットリサーチレポート」の発行や独自調査をはじめとした不動産マーケットに関する情報発信、不動産鑑定評価などを行っている。
著書に、『企業不動産の活かし方』（日経 BP 社）、『不動産と金融のプロが教える　資産価値の高いマンションの選び方・買い方』（東洋経済新報社）、『図解　不動産証券化とJ-REIT がわかる本』（東洋経済新報社）、『不動産マーケットの明日を読む』（日経 BP 社）等がある。
http://www.tr.mufg.jp/

改訂3版
不動産コンサルティング
ポケットブック

2003 年 1 月31日　初　版
2010 年 2 月 7 日　改訂新版
2020 年 1 月24日　改訂 3 版
2020 年 5 月30日　改訂 3 版 2 刷
（通算11刷）

編者●三菱 UFJ 信託銀行
　　　不動産コンサルティング部

発行者●楠　真一郎

発行所●株式会社近代セールス社

〒165-0026　東京都中野区新井2－10－11
ヤシマ1804ビル4階
電話　(03)6866-7586　FAX　(03)6866-7596

印刷●株式会社キリシマ印刷
製本●株式会社新寿堂
カバーデザイン●井上　亮

ISBN 978-4-7650-2165-4　C2033